生活のなかの神道

神さまとの正しい付き合い方

ひろさちや

春秋社

生活のなかの神道——神さまとの正しい付き合い方　目次

生活のなかの神道——神さまとの正しい付き合い方

1

生活の神道VS.人生の仏教

▼『涅槃経』の教え

ある家に美女が訪ねて来ました。豪華なドレスを着て、気品のある女性です。彼女が主人に自己紹介をします。

「わたしは吉祥天《きっしょうてん》よ。あなたに福徳を授けてあげるわ」

福の神の到来とあらば、主人が喜んだのは当然です。「どうぞ、どうぞ」と彼女を招き入れました。

ところがもう一人、彼女と一緒に家の中に入ろうとする女性がいます。こちらのほうは醜女《しこめ》で、見るからに貧乏神です。

「おまえは誰だ？」

「わたしの名は黒闇天《こくあんてん》よ。わたしの行くところ、かならず災厄が起きる貧乏神よ……」

「そんな貧乏神なんぞに来られてたまるか。おまえはとっとと消え失せろ！」

主人はこの黒闇天を追い払おうとします。

だが、この禍《わざわい》の女神はこう言いました。

「あんたは馬鹿ねえ。さっき入って行った吉祥天は、わたしの姉よ。あたしたち姉妹は、いつも一緒に行動しているのよ。わたしを追い出せば、姉さんも出て行くのよ。それでもいいの……？」

主人はしばらく考えて、「じゃあ、二人とも出て行ってくれ」と言いました。

そうして吉祥天と黒闇天の二人は、肩を並べて去って行きました——。

これは、大乗仏教の経典である『涅槃経《ねはんぎょう》』に出てくる話です。したがってこの話は、われわれに仏教の考え方を教えてくれています。

仏教の考え方というのは、世の中には、あるいは人生には、いいことばかりがあるわけではない。いいことと悪いことが背中合わせになっている。吉と凶とがワンセットになっている。そういうことを教えています。

いや、もう少し言えば、われわれが好運と思っていることが、見方を変えると不運かもしれません。若くして抜擢されて部長になった。それはいいことのようですが、それだけに周囲から嫉《ねた》まれて精神的な苦労が大きくなります。また彼は会社人間になり、家族から愛想《あいそ》を尽かされないともかぎりません。退職金を慰謝料に、女房から離婚ないしは別居を迫られるかもしれません。「出世」のうちに吉祥天と黒闇天が同居しているのです。仏教はそういうことを教えています。

▼神道の神はスペシャリスト

ところで、吉祥天は、もとはインド神話のラクシュミーで、幸福と吉祥の女神です。それが仏教に入って吉祥天となりました。そして仏教では、吉祥天の母は鬼子母神《きしもじん》、その夫は毘沙門天《びしゃもんてん》とされています。

吉祥天・鬼子母神・毘沙門天といえば、これは明らかに仏教の神です。けれども日本の仏教は神道と融合してしまって——それを神仏習合といいます——どこまでが仏教で、どこからが神道か、判然としません。そのいい例が金毘羅《こんぴら》（金比羅とも表記）です。

金毘羅は、インドのサンスクリット語の〝クンビーラ〟を音訳したもので、もともとガンジス河に棲む鰐《わに》を神格化したものです。それが仏教の守護神となり、日本に来て航海の安全を守る神として信仰されるようになりました。香川県琴平町にある金刀比羅宮《ことひらぐう》が有名です。

ところが、その金刀比羅宮では、

「わたしたちは、インドの鰐を祀っているのではありません。大物主神《おおものぬしのかみ》と崇徳天皇を祀っています」

と言っています。だいぶ昔、テレビで取材したとき、わたしが「ここの神様はガンジス河の鰐だ」と言ったもので、こっぴどく叱られたことがあります。ということは、インドの仏教の神が完全に日本に帰化したことになりますね。

それほど、仏教と神道が習合してしまっているのです。

では、仏教と神道にまったく差がないのかといえば、そうではありません。わたしたちは最初に、仏教と神道の考え方の違いを明らかにしようと思います。

まず、民俗学の泰斗の柳田国男（一八七五―一九六二）が、次のように語っています。

江戸の世間話のやや小説化したものにも、貧乏な夫婦が家に狐憑きの出たのをこれ幸いと、追い出すどころか欲しいとも言わぬ御馳走までととのえて一生懸命に機嫌を取る。狐の方で少々気味を悪がり、どうしてこのように歓待してくれるのかと尋ねる。実は貧苦に堪《た》えないから御力を借りたいのだと答えると、それは狐がちがう。自分はそのような能力のある狐ではないと言って、多分作り話であろうがいづらがって早々に立退《たちの》いて去った、というような話もある。(『狐猿随筆』岩波文庫)

これで見ると、神道の神は職能分担制になっているようです。いわゆるスペシャリスト(専門家)です。金儲けの神様、受験の神様、病気治しの神様……等々、それぞれ専門分野をお持ちです。病気治しの神にしても、目の病い、痔《じ》、咳《せき》止め等々にわかれています。まるで現代の大病院さながらです。

そうすると、神道においては、わたしたちは神様にお願いばかりをすることになりかねません。つまり、現世利益《げんせりやく》を求めてしまうのです。

ここのところに大きな問題があります。

たとえば、受験の神様に一流大学への合格を祈願します。そして、神様がその願いを聞き届けてくださり、見事に一流大学に合格しました。だが、それでその人が幸福になれるか否かは分かりません。あまり実力がないのに合格したために、大学の授業について行けず、中途退学ということもあります。そうであれば、彼は合格しなかったほうがよかったのです。そういうことも考えられます。

▼請求書の祈り・領収証の祈り

わたしは幼時、祖母からこう教わりました。

「阿弥陀《あみだ》さんを拝むとき、お願いごとをしてはあかんで……。『ありがとうございました』と言って拝むんやで」と。

わが家の宗教は浄土宗で、朝晩、浄土宗の本尊である阿弥陀仏を拝むように習慣づけられていたのですが、その拝み方について祖母はわたしにそのように命じたのです。わたしはこの祖母の教えを、

――請求書の祈りをするな！　領収証の祈りをせよ！――

と、わたしの言葉でもって要約しています。お願いごとをする祈りは、神仏に請求書を突き付けるようなものです。わたしたちは神仏に、「ありがとうございました」と感謝の祈り、すなわち領収証の祈りをすべきです。

もっとも、わたしは祖母に、

「なんで阿弥陀さんにお願いごとをしたらあかんのや？」

と尋ねましたが、祖母はただ一言、

「知らん」

と答えました。自分は子どものころにそのように祖父母から教わった。だからあんたに

そう教えているんや……というわけです。

だが、よく考えてみれば、この祖母の教えが正しいことが分かります。わたしたちは、

「南無《なむ》阿弥陀仏」
「南無妙法蓮華経《みょうほうれんげきょう》」
「南無釈迦牟尼仏《しゃかむにぶつ》」
「南無大日如来《だいにちにょらい》」

とお唱えします。この〝南無〟という言葉は、サンスクリット語の〝ナモー〟を音訳したもので、「おまかせします」といった意味です。わたしが一流大学に合格して幸福になれるかどうか、分かりません。今年合格して、同級生に相性の悪い者がいて、その人にいじめられて不幸になることもあります。一年浪人して合格すれば、ひょっとしてすばらしい恋人に出合うこともあります。だから、合格するか／否か、そこのところは神仏におまかせするのが「南無」です。それゆえ「南無」には請求書の要素はありません。いかなる結果になろうと、こちらはそれを感謝していただくのです。

それが本当の宗教心ではないでしょうか……？

ところが、スペシャリストの神に対しては、わたしたちはついつい請求書の祈りをしてしまいます。相手が金儲け専門の神であれば、われわれは、「神様、わたしを大金持ちに

してください」と願ってしまう。その結果、たとえばミダス王のように不幸になります。ミダス王はギリシア神話に登場するフリュギアの王です。彼はディオニュソス神から、触れるものがすべて黄金に変る力を授かりましたが、飲食物まで彼の身体に触れるとたちまち黄金になってしまうので、何も食べられなくなります。まあ、ミダス王はもう一度ディオニュソス神に願って、このやっかいな力を取り除いてもらいましたが、請求書の祈りにはそのようなマイナス面があります。そのことを忘れないでください。

では、われわれは、神道の神に向かってどのように祈ればよいのでしょうか？

▼「暮らし方」と「生き方」

さて、わたしは、現代日本人が生活の問題ばかりにかまけているのが、いささか腹立たしくてなりません。生活の問題というのは、どうすれば快適な暮らしができるか、そのことばかりを考えるのです。そして、お金があるときっと快適な暮らしができると考えた日本人は、一生懸命に金儲けの道に邁進《まいしん》しました。その結果、あくせく・いらいら・がつがつと働く毎日を送るようになったのです。

しかし、わたしたちが本当に考えねばならないのは、むしろ生き方の問題なんです。あくせく・いらいら・がつがつと暮らすのではなしに、のんびり・ゆったり・ほどほどに人生を生きる、その生き方こそが本当に人間らしい生き方だと思います。

そのように考えたとき、わたしは、現代において神道が「欠陥宗教」になっている、大きな原因を発見することができました。

神道をどう定義するか、学問的にはなかなかむずかしい問題です。しかし、わたしは、

――神道というものは、古き良き時代の日本人の祖先たちが生きてきた、その生き方に学ぶ教え――

だと思います。別段、特定の聖典や経典があるわけではありません。ただ人々が、「これが祖先たちの生きた道」だと信ずるものにもとづいて、自分たちもそのように生きようとするところに、神道の意味があります。

そして、昔の日本人は、のんびり・ゆったり・ほどほどに生きていました。たとえば、歴史学者の指摘によると、江戸時代の庶民たちは一日に四時間ぐらいしか働かず、あとはむしろ貧乏を楽しみながら生きていたそうです。

だが、現代の日本人は、あくせく・いらいら・がつがつと生きています。

その落差たるや、すさまじい。そうするとわたしたちは、ついつい極端な請求書の祈りをしてしまいます。

その請求書の祈りに、どこかで歯止めをかけなければなりません。

ところが、みんながみんな欲に狂っていると、その歯止めがなくなってしまいます。そこのところが神道の「欠陥」になるわけです。

で、その「欠陥」を是正するためには、わたしは仏教によるべきだと思います。

なぜかといえば、仏教はわたしたちに生き方を教えてくれているからです。

その生き方は、仏教の言葉でいえば、

――中道――

です。中道というのは、極端を排することです。現代日本人の生き方は、あくせく・いらいら・がつがつとしています。それは一つの極端です。そのような極端を排して、のんびり・ゆったり・ほどほどに生きるのが中道です。そのような中道の精神に立って日々の暮らしを営むことが、わたしは、現代の日本人が学ぶべき神道だと思います。

つまり神道は、わたしたちに日々の暮らし方（生活）を教えてくれています。

しかし、その神道の教えをわれわれの日常生活の中で正しく実践するためには、仏教が教える中道の生き方（人生）に立脚せねばならないのです。

ということは、

生活（日々の暮らし）のための……神道、

人生（生き方）を教えてくれる……仏教、

となるのです。かくて神道と仏教が互いに補完し合って、われわれ日本人の宗教になります。わたしはそのように考えています。

▼仏教と神道の相互補完

わたしは仏教を学んでいる人間です。それなのに、なぜ神道にまで手を拡げるかといえば、仏教の教えだけによっては、わたしたちが日常生活（暮らし）をどのように送ればよいかが、もう一つはっきりとしないからです。

たとえば、最初に述べた『涅槃経』の吉祥天と黒闇天の話です。これは福の神と貧乏神の話です。『涅槃経』は、福の神と貧乏神がペアを組んでいると言っていますが、われわれ日本人にとっては、福の神は福の神で、貧乏神は貧乏神です。そして、ほとんどの場合、貧乏神は単独でわたしたちのところにやって来ます。そのように信じられているのです。で、もしもあなたのところに貧乏神が押しかけて来たら、あなたはどうしますか？多くの人は、貧乏神に退散を願うでしょう。が、果たしてそれでよいのでしょうか……？

『耳袋《みみぶくろ》』（『耳嚢』といった表記もあります）という随筆があります。著者は根岸鎮衛《やすもり》（一七三七―一八一五）で、江戸南町奉行を勤めた幕臣です。その中にこんな話があります。

江戸の小石川に住む旗本が、ある年の暮れに貧乏神を画像に描いて、お神酒や洗米などを捧げて祈ります。

「私はこの数年貧乏なので、思うことが叶わないのもしかたがありませんが、一年中貧しいかわりに不幸てこともありません。ひたすら尊神がお守りくださるのでありましょう。数代の間、私たちをお守りくださる神様ですので、どうかひとつの社を建立して尊神を崇敬致しますゆえ、少しは貧乏をのがれて福分に変りますようにお守り下さい」（長谷川政春訳『耳袋』教育社による）

その結果、その旗本がご利益を得て、少しは余裕も生まれたというのです。すなわち、貧乏神が貧乏神であるからといって毛嫌いせず、貧乏神としてそのまま拝む、そういう態度こそが是とされているのです。わたしは、こういう態度が、仏教を学びつつ日本人として生活する（暮らす）姿勢でなければならないと思います。

かくて、仏教と神道は、相互に補完し合う宗教になります。それが、わたしが神道にアプローチする理由です。

▼「神ながらの道」

そして、もう一つ、言っておきたいことがあります。

じつは神道というのは、固定された教義のない宗教です。神道のことを、昔から、

——神《かむ》ながらの道——

と呼びます。〝な〟という語は「の」の意味で、〝から〟は「のまま」といった意味です。したがって〝神《かむ》ながらの道〟とは、「神の御心のままに人為を加えない道」なんです。

では、いったいどうすればわたしたちにその「神ながらの道」が分かるかといえば、それは古人が歩いた足跡を追うよりほかありません。古き良き時代に祖先たちが歩んだ足跡こそ、「神ながらの道」です。

だが、ここのところに大きな落とし穴があります。

それは、古き良き時代にわれわれの祖先が歩いた道ではなく、いま現在大勢の人々が歩いている道を「神ながらの道」と錯覚してしまう危険です。とくに自民党の政治家どもが宣伝するような、時代錯誤的な復古主義を、それが「神ながらの道」と思わせられる危険が大きいから、われわれは十分に注意せねばなりません。本当の「神ながらの道」とは何か？　それについては次章以下で詳述しますが、読者は自民党をはじめとするおかしな復古主義者の宣伝に引っかからないようにしてください。

それはともかく、いま現在、大勢の人々が歩いている道は「神ながらの道」ではありま

せん。大勢の人々が歩いているからといって、それを「正しい道」と思うのは、

――赤信号、みんなで渡れば怖くない――

といったエピグラム（警句）と同じことになります。みんなが赤信号にもかかわらず横断しているからといって、自分もまた赤信号で渡るのは、主体性のなさを示しています。神道は、ややもすればその主体性を失うといった危険があります。宗教にとって大きな危険です。

昔、脳死の問題が論議されていたとき、仏教・キリスト教・神道の学者が集まってシンポジウムが開かれました。わたしは仏教側の人間としてそれに参加し、脳死を人間の死とすることに反対意見を述べました。そのとき、神道の学者（あえて匿名にします）が、「神道というのは、民衆のコンセンサス（合意）にもとづいて動く宗教です。しかし、この脳死の問題については、いまだ人々のコンセンサスは得られていません。したがって、神道としてはもうしばらくのあいだ意見を保留にさせていただきます」

と発言されたのには、いささか驚くと同時に、〈ああ、なるほど、神道というのはそういう宗教なんだなあ……〉と、妙に納得できたことを憶えています。〝民衆のコンセンサス〟といえば響きはよいですが、それはつまるところ「赤信号、みんなで渡れば怖くない」になります。ここのところに、わたしは大きな落とし穴があるように思えてなりませ

ん。

▼「絶対者」対「わたし」

宗教というものは、本質的に、

――「絶対者」対「わたし」――

といった関係において成り立つものではないでしょうか。大勢の人が神を信じているから、わたしもまた神を信じる――というのは、真の信仰ではありません。余人は知らず、ただわたしは神を信じる――というのが、本当の信仰であり、宗教です。

そのことは、浄土真宗の開祖である親鸞《しんらん》(一一七三―一二六二)が言っています。

聖人のつねのおほせには、弥陀の五劫思惟《ごこうしゆい》の願をよく〳〵案ずれば、ひとへに親鸞一人《いちにん》がためなりけり。(『歎異抄』結文)

〔親鸞聖人が常日ごろ言われていたのは、「阿弥陀仏が五劫という長い長い時間をかけて思惟《しゆい》せられた誓願をよくよく考えてみれば、それはただ親鸞一人のためのものであった」〕

阿弥陀仏は、生きとし生ける者すべてを救ってやろうとする誓願を立てられました。しかし、その誓願をよくよく考えてみれば、わたし、すなわちこの親鸞を救ってやろうとするものにほかならない。そう親鸞は言っているのです。

ここでは、生きとし生ける者すべてという多数ではなく、親鸞ただ一人という単数になっているのです。わたしは、これが本当の宗教だと思います。すなわち宗教の構造は、

――「ただ一人の絶対者」VS.「ただ一人の人間」――

になっています。

ところが、ご承知のように神道というのは多神教です。俗に八百万《やおよろず》の神と呼ばれるように、多数の神様がいます。そしてその対極に位置するのは、民衆・大衆・庶民と呼ばれる多数の人間です。ということは、神道の構造は、

――「多数の神様」VS.「多数の人間」――

になっているのです。ここのところに神道の特色があり、また危険があります。「赤信号、みんなで渡れば怖くない」といった発想につながる危険があるのです。

だから、わたしたちは、他の大勢の人々が赤信号で渡っているが、わたしは赤信号では渡らない――といった主体性を確立する必要があります。いかに世の中が金・かね・カネ

と狂奔していても、わたしはのんびり・ゆったり・ほどほどに生きるといった、本当に人間らしい生き方に徹する必要があります。

だが、それじゃあわたしたちは、「百万人といえどもわれ行かん」あるいは「ゴーイング・マイウェイ（わが道を行く）」といったモノマニア（偏執狂）の道を歩むべきかと問われるならば、それは違います。やはりわたしたちは、大勢の仲間たちとゆったりと道を歩きたいですね。

その兼《か》ね合いがむずかしい。

そこでわたしは、

――「人生（生き方）のための仏教」VS.「生活（暮らし）のなかの神道」――

をうまくバランス（均衡）をとって学んで行きたいと思います。それが、仏教者として神道を学ぶ意義になります。したがって読者は、本書をたんなる神道の解説書ではなしに、むしろ仏教書として読んでくださることを期待しています。その意味では、本書がなかなかおもしろい仏教書プラス神道書になるであろうことを、著者自身が自負しています。

2
「空気」のようなカミ

▼〝神〟の語源

神道というのは、文字通りに「神の道」です。あるいは、前章で述べたように「神《かむ》ながらの道」、すなわち「神の御心のままに人為を加えない道」と解することもできましょう。もっと平たく言えば、「神とともに生きる道」なんです。

では、「神」とは何でしょうか?

じつは、これが難問中の難問で、多くの神道学者を悩ませています。ともかく日本の神様は多種多様で、その機能も一つに絞ることができません。どうにもやっかいな存在なんです。

ところで、日本語の〝神（カミ）〟の語源が〝上（カミ）〟にあるという説は古くからありました。常識的には神は天空の高い所（上方）にいると考えられていますから、この説には説得力があります。

けれども、本当に神は天空にいるのかといえば、日本の神様のうちには、高天原《たかまのはら》においでになる……天つ神（天神）、葦原《あしはら》の中《なか》つ国（あるいは中つ国）においでになる……国つ神（地祇《ちぎ》）、があって、後者の国つ神のほうは地上世界においでになります。また、そのほかに地下の世界（根《ね》の国といいます。『古事記』の表記だと根堅州国《ねのかたすくに》になります）においでになる神もおられます。それ故、神は天空（上方）においでになるといった常識は、日本の神様にはあまりあてはまりません。

それから、神道学者のうちには、高天原が天上にあるかどうかを疑っている人がいます。たとえば上田賢治氏がわたしとの共著において（ひろさちや・上田賢治共著『ひろさちやが聞く神道の聖典』すずき出版）、

《『古事記』で最初にタカマノハラが出てくるところに、注がありまして、天を「アマ」と読めと書いてあるんです。ふつう日本語で天というと「アメ」で、「アマ」は海を意味する言葉なんです》

と指摘し、タカマノハラ（高天原）が天上ではなく海のかなたにあるのではないかと言っています。日本の天皇家が朝鮮半島からやって来たことが現在では常識になっていますから、天孫降臨《てんそんこうりん》の神話が、天皇家の朝鮮半島からの渡来を意味していることは、考えられないことではありません。

だとすると、神は天空にいるとは言えないわけで、〝カミ（神）〟の語源が〝カミ（上）〟にあるという説は成り立たなくなります。

それよりも、もっと決定的なのは、国語学者の橋本進吉（一八八二―一九四五）の上代特殊仮名遣いの研究です。彼は、奈良時代には〝ミ〟の音が二つあり、万葉仮名はその二つを書き分けていることを明らかにしました。すなわち、奈良時代の発音だと、

〝神（カミ）〟は……kamï

〝上（カミ）〟は……kami

であって、両者は同じ語ではありません。それゆえ、「神は上」とする語源説は、現在ではまったく否定されています。

では、〝神〟の語源は何でしょうか？

学者たちは、〝神〟の語源を〝鏡《かがみ》〟の略、あるいは〝隠身《かくりみ》〟の転訛とする説など、諸説を提起しています。だが、いずれも説得力に欠けます。それゆえ、現在のところ、〝神〟

の語源は不明としておいたほうがよさそうです。

▼本居宣長の「神」の定義

さて、〝神〟という言葉の語源は不明だとして、ではいったい神とはどういう存在でしょうか?

もちろん、日本の神は、ユダヤ教のヤーウェ、キリスト教のゴッド、イスラム教のアッラーのような唯一絶対の超越神ではありません。日本の神道は多神教であって、それこそ、

——八百万《やおよろず》の神——

がいるとされています。「八百万」なんて誇張表現にきまっていますが、わたしはあんがいそれほど多数の神々がおいでになるのではないかと思います。

では、そのような多数の神がいったいどのような性格の存在なのかといえば、わたしは、江戸中期の国学者の本居宣長《もとおりのりなが》(一七三〇—一八〇一)がその著書の『古事記伝』(巻三)で下した定義が、わりと正鵠を射ていると考えます。次に紹介しますが、宣長は〝神〟を迦微《かみ》と表記しています。

さておよそ迦微とは、古《いにしへの》御典《ふみども》等に見えたる天地の諸《もろもろ》の神たちを始めて、そを祀《まつ》れる社《やしろ》にましますす御霊《みたま》をも申し、また人はさらにもいはず、鳥獣木草のたぐひ海山など、そのほか何にまれ、尋常《よのつね》ならずすぐれたる徳《こと》のありて、可畏《かしこ》き物を迦微とは云ふなり。

つまり、宣長によると、神（迦微）というのは「尋常でないもの」「すぐれたるもの」です。しかし、「すぐれたるもの」といっても、必ずしもプラスの方向にすぐれている必要はありません。マイナスの方向に変わっていてもいいのです。そのことを宣長は、右の文章に続けて、

すぐれたるとは、尊きこと善きこと、功《いさお》しきことなどの優れたるのみを云ふに非《あら》ず、悪しきもの奇《あや》しきものなども、よにすぐれて可畏きをば、神とは云ふなり。

とコメントしています。要するに、平均値から遠ざかっているもの、偏差値の高いものが「神」だと、宣長は見ているのです。

この宣長の定義によりますと、日本一高い富士山は当然のことに神になります。が、逆

に日本一低い山も神になります。で、読者は日本一低い山をご存じですか？　大阪市港区にある天保山《てんぽうざん》がそれで、現在の標高は四・五三メートルです。この山は、天保二年（一八三一）に安治川を浚渫《しゅんせつ》した土砂を積み上げて造成されたもので、当初は十八メートルの高さでしたが、その後の地盤沈下で現在の高さになりました。ほかにもっと低い山がありそうですが、この天保山には三角測量点があり、五万分の一の地図にも記載されていますから、これを公式に日本一低い山と認定してよいかと思います。

ただし、富士山はともかく、天保山が神だというのは、わたしの独断と偏見によります。読者がこれに賛同されなくても、わたしは文句を言いません。

▼不思議なパワー

いささか脱線しました。しかし、世の中には、スポーツや芸能の分野で神業《かみわざ》と呼ばれるような特技を発揮して、「野球の神様」「将棋の神様」といった称号を奉られている人もいます。そうかと思えば「泥棒の神様」もおいでになるのです。だからプラスの方向であれ／マイナスの方向であれ、偏差値が高ければ「神」とされるわけで、宣長の言っていることは正しいのです。

ところで、この本居宣長の「神」の定義で注目すべきことは、彼が、

A　「霊力あるもの」……「古の御典等に見えたる天地の諸の神たち」
B　「霊力そのもの」……「そを祀れる社にましますす御霊」

の二つを区別せずに、両者をともに「神」としている点です。ここで「霊力」とは、不思議なパワーだとしてよいでしょう。

インドのヒンドゥー教でも、ギリシア神話でも、そこで「神」は不思議なパワーを持った存在と考えられています。つまり、神はAだけです。ところが宣長は、その不思議なパワーそのもの、すなわちBもまた神だとするのです。そこに宣長の定義のユニークさがあります。いや、宣長の定義のユニークさというより、これは日本の神道の神の特異さです。日本の神様は、他の国の多神教の神様と根本的に違っているのです。わたしはそのように考えます。

ところが、日本の神道の学者たちは、あまりその点に気づくことなく、諸外国の多神教の神と類似した存在として日本の神を扱ってきました。つまり、本居宣長のいうAの神、不思議なパワー（霊力）を有する神を神の代表として扱ったのです。アマテラスオオミカミ（天照大神）だとかスサノオノミコト（素戔嗚尊）、オオクニヌシノミコト（大国主神）……といった神々の大スターを最初に置いて、その解説から始めました。わたしはなにもアマテラスオオミカミやオオクニヌシノミコトが神でないと言っているのではありません。でも、それらの神を最初に置いて神道の解説を始めると、それは『日本書紀』や『古事記』の神話を基盤にして、皇室神道ないしは国家神道こそが「神道」の基幹だということになってしまいます。そうすると復古調になり、時代錯誤になりかねません。それはわたしの最も嫌うところです。

そこでわたしは、本居宣長のBの定義――不思議なパワー（霊力）そのものが神だ――を出発点にして、日本の神様および神道の構造を解明することにします。そのあとで、Aの不思議なパワーを有する神々について論述しようと思います。

▼カミとは「気」である

まずわたしは、大胆に、

――カミとは「気」である――

といった定義を下します。ここで〝カミ〟と表記したのは、不思議なパワーを持った存在を〝神〟とし、不思議なパワーそのものを〝カミ〟として、本居宣長の定義のAとBとを区別するためです。

ということは、カミ（不思議なパワー）とは「気」だ、と言っていることになるわけです。

そこで「気」とは何か？　これを〝キ〟と発音することもあれば、〝ケ〟と発音することもあります。キと読んだ場合とケと読んだ場合では、少しニュアンスの違いがありそうですが、われわれはそれにあまりこだわらないでおきましょう。

「気」という語を、『広辞苑（第三版）』は意味を五つに分類しています。

1　天地間を満たし、宇宙を構成する基本と考えられるもの。また、その動き。

2　生命の原動力となる勢い。活力の源。

3　心の動き・状態・働きを包括的に表す語。

4　はっきりとは見えなくても、その場を包み、その場に漂うと感ぜられるもの。

5　その物本来の性質を形作るような要素。特有の香や味。け。

この解説はなかなかいいですね。この宇宙には、はっきりと目には見えませんが、「気」が充満しています。そして、わたしたちの体内にも「気」があります。この外にある「気」と体内の「気」がうまく共振すれば、わたしたちは元気になります。「さあ、やるぞ」と、やる気が起きます。でも、共振しなければ、やる気は起きません。気が滅入った状態になるわけです。そのような「気」が、すなわちカミなんです。

▼会議をリードする「空気」

日本人は、この「気」（カミ）のことを、

――空気――

とも呼んできました。たとえば、会議をやっていて、最初はある意見に対して猛烈に反対していた人が、ころっと意見を変えて賛成に回ることがあります。「なぜか？」と問われて、

「いやあ、あの場の空気だと、どうしても賛成に回らねばならなかったんだ」

と説明する。つまり、その場の「空気」が会議を支配しているのです。その「空気」がカミなんです。

別段会議でなくてもいいのですが、複数の人間が集まると、そこにカミ（空気）が列席して、独特の雰囲気が醸《かも》し出されます。そして人々をリードします。日本人はそのように考えています。

本来、日本人の会議（むしろ寄合《よりあい》といったほうがよさそうです）は、

――満場一致――

が原則でした。多数決原理なんて、とんでもない。全員の合意によるのがあたりまえだったのです。

なぜかといえば、寄合にはカミが臨席しておられるからです。そのカミさまの顔色をうかがいながら議事をすすめます。

しかし、満場一致といっても、なかなか全員の意見は一つにまとまりません。けれども、会議を司会するのはたいていが長老ですが、みんなの意見が出尽くしたところで、その長老が、

「そろそろ、みなさんの意見もまとまったようで、では、本日のところは、そのように決めさせていただきます」

と言って、その議案が決裁になるのです。まあ、それがどのように決まったのか、人々はだいたいの方向は分かりますが、細かなところは分かりません。司会をした長老だってよく分からない。要は雰囲気さえ分かればいいのです。

したがって、日本人の会議において、いちばん嫌われるのは、全体の雰囲気に逆らって最後まで反対意見を述べる人です。彼は、その場の「空気」というカミに逆らっているのですから、皆に嫌われるのは当然です。

これは会議ばかりでなく、パーティーをやっても、その場の「空気」——じつはカミ——を読めない人間が嫌われ者になります。最近はそのような人をＫＹ《ケイワイ》（空《K》気が読《Y》めない）と言うそうですね。喧嘩をしても、仲裁者は、

「まあ、まあ。抑えて、抑えて」

と言いますが、あれは「空気」（カミ）を読めといった意味だと思えばよいでしょう。

では、反対意見の人はどうなるか？　日本的満場一致だと、多数の横暴になり、反対意見の人は泣き寝入りをしなければならない。そういった不安もあります。けれどもそれは、かりに多数決原理を採用しても、現在の日本の国会のように多数の横暴になってしまいます。だから、日本的寄合の非だけの問題ではありません。

ただ、日本的寄合の満場一致がいいところは、少数意見の人はいったんその場で多数意見を受け容れます。黙ってしまうのです。そして司会の取りまとめに服従します。

けれども彼は、その次の会合のとき、

「この前は、ああ決まったが、俺はやっぱり反対だ。こうしたほうがよい」

と、自説を再び持ち出してよいのです。そして、その場の「空気」（カミ）が変わって、彼に賛成する人が多くなると、司会者は、

「では、そのように決めさせていただきます」

と決裁します。ところが、彼に同調する人がいない場合は、彼は再び沈黙し、多数意見であるその場の「空気」（カミ）に従うのです。

わたしは、日本人にはこのようなやり方があんがいあっているのではないかと思いま

す。また、実際に会社や官庁における会議でも、こうしたやり方に準拠しているのではないでしょうか。下っ端《ぱ》の人間が意見をまくしたてて、お偉いさんは黙っている。そして司会者が、

「では、そういうことに決めさせていただきます」

となる。それが普通のようです。そして、多数意見に最後まで異を唱えている者が嫌われる。そういう図式になっているようです。そのようなかたちで、神道はわれわれの日常生活の中に生きているようですね。

▼ケガレとは何か?

わたしは子どものころ、食事のときに茶碗や皿を箸で叩いてチンチンと鳴らして、祖母に、「行儀が悪い」と叱られました。

でも、三波春夫が歌った「チャンチキおけさ」(門井八郎作詞・長津義司作曲)にありますよね。

月がわびしい　露路裏《ろじうら》の
屋台の酒の　ほろにがさ

知らぬ同志が
小皿叩《たた》いて　チャンチキおけさ
おけさ切なや　やるせなや

そうすると、子どもが小皿を叩くのは行儀が悪くて、おとなになればいいのでしょうか?

いささか不公平ですよね。

じつはこれは、小皿を叩くのはカミさまを呼び寄せているのです。

わたしたちが食事をする。それはルーティン（きまりきった仕事）です。あるいは会社員が日常の業務に精を出します。でも、そういう日常的・ルーティンな仕事ばかりをしていると、だんだんと「気」が少なくなります。いわゆる気が滅入るのです。

そういう気が滅入った状態を、神道では、

——ケガレ——

と呼びます。〝ケガレ〟には〝穢《けが》れ〟といった表記もありますが、これは「きたないこと」といった意味ではありません。

では、ケガレとは何でしょうか?

ここで話がちょっと横に逸《そ》れますが、わたしたちはこのケガレといったものを考察することにしましょう。

國學院大學日本文化研究所編集の『神道事典』（弘文堂）によると、「穢《けがれ》」は、《古来、罪は人的行為によるものであるが、穢は自然発生的現象によるものであり、汚濁が身につくことで、個人のみならず社会的にも災いをもたらすと考えられた》とあります。罪は人間が犯すものです。けれどもケガレは、人間が何もしないでも、自然にそのケガレの状態になるものです。つまり、わたしたちが日常的な仕事に精を出していると、いつのまにかケガレの状態になってしまいます。その意味では、ケガレとはケ（気）が枯れることだと、近年の民俗学者は言っています。

このケガレに対しておもしろい見方をしているのが、歴史学者の網野善彦です。《ケガレとはなにかは大問題ですが、私は山本幸司さんが「貴族社会における穢と秩序」（『日本史研究』二八七〇号）という論文でいっておられるように、ケガレとは、人間と自然のそれなりに均衡のとれた状態に欠損が生じたり、均衡が崩れたりしたとき、それによって人間社会の内部におこる畏れ、不安と結びついている、と考えることができるのではないかと思います。

たとえば人の死は欠損で、死穢《しえ》が生じますし、人の誕生は逆にまた、それまでの均衡を

崩すことになり、産穢《さんえ》が発生する》（網野善彦『日本の歴史をよみなおす（全）』ちくま学芸文庫）

従来は、死穢のほうは黒不浄、誕生のほうは赤不浄（産婦が出産に際して流す血の汚れ）と説明されていたものを、網野は、人口が減るにしても増えるにしても、均衡状態が崩れるからケガレだとしたのです。

それで思い出すのは、オーストリア生まれのカナダの内分泌学者のセリエ（一九〇七—一九八二）の提唱した「ストレス理論」です。普通、わたしたちは、近親者の死といったような不幸があったときにストレスを受けると思っていますが、そればかりではなしに、自分や近親者が結婚したり、出産したりしたときにもストレスを受けるのです。セリエは、前者をディストレス、後者をユーストレスと呼んでいます。ともかく均衡状態の崩れがストレスであり、またケガレなんですね。

▼ハレの行事

自然と人間との均衡状態が崩れたのがケガレだという見方はおもしろいですね。民俗学者はこの〝ケガレ〟を〝気枯れ〟と表記しますが、たとえば谷川健一などは、これに〝気《け》離《が》れ〟の表記をしています（『日本の神々』岩波新書）。いずれにしても、自然の「気」のリズムと人間の「気」のリズムが少し合わなくなった状態（たとえば人間が病気になったときです。キが病んだのです）がケガレで、そのケガレが究極にまで行くと死になるわけです。

けれども、人間の「気」が正常であっても、自然の「気」のほうが荒れ狂うときもあります。たとえば地震や暴風雨のようなときです。そういう場合は、人間は自然の「気」に呼応してはいけません。荒れ狂う自然の「気」に調子を合わせていると、人間のほうも荒れ狂ってしまいます。そういう場合は、人間は慎んでいるべきです。それが神道の考え方です。

さて、わたしたちがルーティンに生活していると、知らず知らずのうちにケガレの状態になります。そのようなケガレの状態から脱却するにはどうすればよいでしょうか？

それは、もう一度カミさまをお呼びして、カミさまと一緒に騒ぐことです。

そのカミさまと一緒に騒ぐことを、ハレ（晴）といいます。

ハレはケ（褻）と対立する概念で、ケが日常的原理であるのに対して、ハレは非日常的な原理です。わたしたちがケという日常的な原理ばかりで生きていると、いつのまにかケガレの状態になる。そこでそのケガレの状態から脱却するためには、非日常的なハレの行事をやるのです。いわゆる晴着（余所《よそ》行き）を着て、日常的な空間から飛び出し、カミさまと一緒に騒ぐのです。

それが「小皿叩いて、チャンチキおけさ」です。

もちろん、神社でやるお祭りに参加するのもハレの行事です。会社の忘年会や豪勢なパーティーで飲み食いするのもハレ。しかし、露路裏の屋台で知らぬ同志が肩を組んで一杯やるのも、小さなハレの行事です。ともかくも日常的空間から家を飛び出て、外で食事をするのがハレで、そこでケガレが恢復されます。家族の全員が外で食事をするのも、すばらしいハレの行事です。

だから、小皿を叩くのは、カミさまをお呼びしているのです。

しかし、日常的な空間にカミさまをお呼びしてはいけません。カミさまを招いておいて、何もおかまいしないのは失礼ではありませんか。だから、子どものわたしが叱られたのです。

▼神人共食

じつは、ここのところに神道の大事な原理があります。それは、神道の祭りにおいては、

——神人共食——

ということが重要な要素になっていることです。つまり、神（カミ）と人とが一緒に食

事をするのが大事なんです。

祭りにおいて、神にお供えする飲食物を神饌《しんせん》といいます。酒、水、塩、穀類、草実、蔬《そ》菜《さい》類、鳥類魚介類など（これらは古代人の食生活を反映したものです）、人間が採取し、作りうる最高のものを神に供え、祭りが終わったあと、神饌を神とともにいただくのです。それを直会《なおらい》といって、祭りの重要な部分になっています。直会は決して慰労会ではありません。祭りの重要な部分です。

この神人共食の思想は、おもしろいことに相手の奢《おご》りで食事を一緒にすると、その人は相手の支配下に置かれるといった考え方につながります。なぜなら、その食事は相手が神様（カミさま）に捧げた神饌であって、その神饌をいただくのですから、その人は神様（カミさま）の支配下に入るのです。ただし割り勘の場合は違いますよ。

このような考え方は、すでに『古事記』に説かれています。

イザナギノミコト（伊邪那岐命）とイザナミノミコト（伊邪那美命）は夫婦ですが、妻のイザナミが先に死んで、夫のイザナギが黄泉《よみ》の国（死者の国）に妻を迎えに行きます。だが、イザナミは言います。

「悔《くや》しきも、速《と》く来ずて。吾《あ》は黄泉戸喫《よもつへぐひ》為《し》つ」

「残念ですわ、あなた。どうしてもっと早くわたくしを迎えに来てくださらなかったの。わたくしはヨモツヘグイをしてしまいました」――と言っているのです。この〝ヨモツヘグイ〟は、黄泉の国の竈《かまど》で調理された食事を食べることです。死者の国の食事を食べると、もはや死者の国の住人になってしまうのです。

だから任俠《にんきょう》の世界では、一宿一飯の恩誼が強調されます。少しでもどこかの親分の世話になると、その人は子分になってしまうのです。

ですから、政治家や公務員がどこかの企業の接待を受けると、その人はその企業の奴隷になってしまいます。それは賄賂を受けたことになります。ほんの少しの金を払って、割り勘にしたと言っても通用しませんよ。カミさまはすべてをお見通しです。

▼ケの世界からハレの世界へ

このように、じつはわたしたちは「気」あるいは「空気」というカミに取り囲まれて生活しています。しかし、普段は、われわれはそのことを忘れています。また、忘れていてもいいのです。

けれども、ずっとそのことを忘れていると、わたしたちはケガレの状態に落ち入ります。その結果、憂鬱になったり、気が沈んだり、ときにはノイローゼになったりします。

そんなとき、どうすればいいでしょうか……？

たとえば、わが子が不登校になったとします。そんなとき、親は、なんとかしてわが子を学校に行かせようとして、あれこれ算段します。そうすることによって、うまく問題が解決することもあるでしょう。だが、そのために息子や娘を自殺に追いやることだってあるのです。

わたしは、無理に子どもを学校に行かせようとしないほうがよいと思います。子どもが学校に行かなくても、ただそれだけのことです。江戸時代、鎌倉時代の人々——つまりわたしたちの祖先たち——は学校なんかに行っていません。現代においても、学校に行かなくても、なんとかなるものです。実際に不登校の子どもは何万人といます。なんとかなっているのです。

無理に問題を解決しようとしないほうがよいですね。これは、たとえば貧乏であっても、金持ちになろうとせず、貧乏なまま楽しく生きればよいのと同じです。病気になっても、病気のまま楽しく生きる算段をすればよいのです。

具体的にはどうしますか？　不登校も貧乏も、病気も、神道でいえばケガレなんですから、ハレの行事をすればよいでしょう。

不登校の子と、「じゃあ、どこか海外旅行をしてみよう」と、父親が子どもを旅行に連れ出す手もあります。わたしはかつて「ひろさちや先生とともに行くインド仏蹟の旅」に、同行講師としてインドに行ったのですが、そのツアーに不登校の高校生を連れて参加された父親がいました。その高校生は帰国したあと、別の高校に入学し、そして大学まで行きました。いや、別段、高校なんて卒業しないでいいのです。ともかくケガレの状態から脱出できればよい。そう考えて、一家で高級レストランに行って、神人共食するのも一つの手です。

ともかく、カミさまと付き合いましょう。日常世界の中だとケガレになりますから、非日常的な世界（ハレの世界）に飛び込むことを考えるとよいと思います。それが生活の中の神道です。

3

名前がついた神

▼神無月には出雲に神々が参集

陰暦十月を〝神無月《かんなづき》〟といいます。

なぜかといえば、この月には、日本全国各地の神々が出雲《いずも》に集まり、それで各地には神が不在になってしまうからです。したがって、出雲には大勢の神が集まって来ますから、出雲地方ではこの月を〝神在月《かみありづき》〟と呼んでいます。

しかし、学者のうちには、陰暦六月を〝水無月《みなづき》〟というが、これは「水の月」の意であって「水の無《な》い月」ではありません。同様に〝神無月〟も「神の無い月」ではなしに「神の月」を意味するのではないか、と言う人もいます。あんがいこのほうが当たっているかもしれません。

それはそうとして、神々はなぜ出雲に参集するのでしょうか？　それは、会議を開いて作柄や縁談を相談するためです。自分の土地の住人のうちでぜひとも結婚させたい男女の候補者の名簿を付き合わせて、縁結びをします。つまり、プロ野球のドラフト会議のようなものが開かれるのです。

会議の期間は、陰暦十月の十一日から十七日までです。十日の夜に、出雲大社の神官が海岸で神を迎える神事をします。それが会議の始まりです。

でも、たった七日間ではないか?!　それなら十月いっぱいを神無月とするのはおかしい、と言わないでください。日本のあちこちから神様がやって来るのですが、遠くから来る神様は十日ぐらいの日程がかかります。また、無事に帰国しても、三日ぐらいの休暇は必要です。そうすると一か月の神の不在は説明がつきます。

神々の宿泊場は、出雲大社の境内にある十九の旅社です。十一日から十七日まで、各地から来られた神様はこの旅社に滞在されます。

ただし、旅社に滞在できる神は、わりとビッグな神様です。マイナーな神様、すなわち二軍クラスの神々は、出雲の町中に出て民宿されます。それで出雲の町は、この期間、神様でごったがえしています。だから、昔は、出雲の人々は、神様に怪我をさせては申し訳ないということで、この期間、はさみや針を使いませんでした。

ところで、わたしはいま、神無月には日本全国の神様が出雲に参集されると書きましたが、じつはなかには出雲に行かない神様もいます。そういう、出雲に行かずに家や村にとどまっている神様を、

――留守神《るすがみ》――

と総称します。どういう神かといえば、竈神《かまどがみ》（荒神《こうじん》）、エビス、大黒天《だいこくてん》、亥《い》の子神《こがみ》、道祖神《どうそじん》、金比羅《こんぴら》……等々です。

それから、高天原《たかまのはら》においでになるアマテラスオオミカミ（天照大神）のような天つ神も、やはり出雲には行かれません。天つ神はわれわれ男女の縁談とは関係ないから、出雲に行かれないのは当然ですよね。

▼「神」と「カミ」との区別

この章に入って、わたしが〝神〟の表記を使っていることに、読者はお気づきでしょうか。前章においては、わたしは〝カミ〟の表記を使いました。

では、「神」と「カミ」とは、どう違いますか？

この表記の差は、わたしは、いちおう本居宣長の説に準拠しているつもりです。前章で

述べたことを繰り返しますと、宣長は、

A　「霊力あるもの」

B　「霊力そのもの」

の二つを区別することなく迦微《かみ》（神）と呼んでいます。それをわたしは、Aを〝神〟とし、Bを〝カミ〟と区別して表記することにしました。霊力とは不思議なパワーです。したがって、カミは不思議なパワーそのもので、その不思議なパワーを持った存在が神になります。そしてわたしは、カミとは本質的に「気」（「空気」）であることを前章で述べたのです。

じつは、カミと神の区別は、文化人類学者の岩田慶治が、

カミは……森羅万象に宿るアニミズム的な霊的存在、

神は……人格や個性のある、政治的・文化的な信仰の対象、

としておられます（岩田慶治『カミと神』講談社学術文庫）。これは傾聴に値する意見です。そこで、これは別の本（岩田慶治ほか『神と人』大阪書籍）ですが、もう少し文化人類学者＝岩田慶治の意見に耳を傾けてみましょう。

まずカミについて、彼は次のように言います。

カミは突然あらわれる。そこで風もないのに木の葉が騒いでいる。そこにカミがひそんでいるのではないかと思う。森のなかでヘビに出会う。出会ってハッとするが、ヘビは叢《くさむら》に引返してしまう。あのヘビはカミだったのだろうかと思う。こういうふうに突然、思いがけないときにカミの姿に出会う。（……）こういうカミを片仮名でカミと呼ぶのです。カミは出没去来にきまった時・所がない。そして、まだ名前をもっていない。突然、出会うのですから名前のつけようがないわけです。

次に神です。

神は定められた場所にいて、定められた時に立ちあらわれる。日ごろは社殿の奥に鎮座していて、祭りの日にその姿——見えない姿——をあらわすという具合です。神は文化の秩序に組みいれられているのです。そこで当然ながら名前がある。日本の古典におびただしく記されているような神名です。また、その役割に応ずる名前もある。稲の神、先祖の神、土地の神から、漁撈の神、狩りの神、風の神、病気なおしの神、旅行安産の神などなどです。

岩田慶治は文化人類学者であって、タイ、カンボジア、ラオスなどの東南アジア諸国の信仰と日本の神道を比較しながら考察されています。したがって、わたしに言わせれば日本の神道の独得と思える「気」の概念が出てきません。そこにやや不満はありますが、ともかく彼が、

名前のない……カミ

名前のある……神

を区別されたのに、わたしは大賛成です。そこで以後、名前のある／なしによって、〝神〟と〝カミ〟を使い分けることにします。カミは本質的に「気」であり、不思議なパワーです。それに名前がつけられるようになると神になります。読者はそのように考えてください。

▼カミが凝結して神となる

では、なぜ「気」（あるいは「空気」）に名前がつけられて、神と呼ばれるようになるのでしょうか？　わたしは、それを、

——凝結現象——

と説明します。液体や気体の中にはコロイド粒子が分散しています。それが集合して大

きな粒子となって沈殿します。それが凝結です。

あるいは、マンション生活をしていると、冬季に外気温が低いとき、窓ガラスなどに水滴が結露することがあります。空気中の水蒸気が凝結するわけですが、譬喩としてはこれがなかなかおもしろいですね。すなわち、「空気」（「気」）としてのカミが結露して名前を持った神になります。そう説明するとよいでしょうか。

こんな例があります。これは出雲に行かない留守神のエビス神（夷、戎、恵比寿、恵美須など、いろんな表記があります）の場合ですが、波平恵美子の研究報告（宮本袈裟雄編『福神信仰』雄山閣所収）によりますと、

——大分県杵築町の納屋部落の守護神であるエビス社の御神体は石です。これはある漁師が網を引いたところ、三度までも丸い、先の尖った石が引っ掛かったのを奇瑞として祀ったものです。

——隠岐の福浦では、漁に出たとき、海から上った石をエビスさんと呼んで、神棚に祀ります。

——鹿児島県では、毎年まぐろ漁の初めに、両親がそろった若者を選んで目隠しをさせ、海中の石を拾わせ、それを〝エビス石〟と呼び、エビスの御神体として祀ります。

その他、いろいろな例が報告されています。また、水死体を〝エビス様〟と呼んで、豊

漁をもたらす神として祀ることもあるそうです。

こういう例で考えますと、カミという「気」が凝結して石になり、それが〝エビス〟といった名前をつけられた神になったのではないでしょうか。

この場合、御神体とされる石は偶然に選ばれたものでなければなりません。複数の石を拾って、どれが神かを人気投票で決めるというのは、神道の考え方ではありません。1章でも述べましたが（一五ページ参照）、「神ながらの道」というのは、神の御心のままに人為を加えない道なんです。だから若者を目隠しして、デタラメに海の底から石を拾わせます。その石が御神体になるのです。そこに信仰があるわけです。

▼ムラの神とイエの神

さて、名前がつけられた神には、二種類があります。いや、正確にいえば三種があると言うべきなんでしょうが、第三の神はあとで登場してもらうことにして、とりあえずは二種の神があるとしておきましょう。

その二種の神とは、先ほど述べたところからすれば、

――「出雲に行く神」と「出雲に行かずに留守を守っている神」――

です。後者のほうは〝留守神〟と呼ばれています。

おもしろいことに、インドのヒンドゥー教でも神様を二種に分類します。すなわち、
グラーマ・デーヴァ……ムラの神、
クラ・デーヴァ……イエの神、
です。前者は村落共同体で祀る神で、後者は各自の家で祀る神です。もっとも、この二種の神はほとんどの場合、同一です。しかし、村落共同体はシヴァ神を祀っているが、自分の家ではヴィシュヌ神を祀るということもあります。そして息子はクリスチャンというこ ともあります。その場合は、息子はスワ・デーヴァ（個人の神）としてキリスト教を祀っていることになります。
じつは日本においても、古代社会においては原則的には、
ムラの神……地縁関係の神、
イエの神……血縁関係の神、
が区別されていたのです。だが中世になると、武士が荘園における在地性を強化していく過程において、その区別がまったくあいまいになってしまいました。
読者は文部省唱歌の「村祭」をご存じですね。

村の鎮守《ちんじゅ》の神様の

今日はめでたい御祭日《おまつりび》。

この鎮守神《ちんじゅがみ》は、一定区域の土地を守護する神様で、ムラの神になります。

それからまた、読者は、

――氏神《うじがみ》――

といった言葉を聞かれたことがありますね。氏神は、本来は古代社会で氏を名乗る氏族が祀った祖先神あるいは守護神です。ところが、この氏神が現在では鎮守神と同一視されています。さらに、自分が生まれた土地の守護神である産土神《うぶすながみ》も、現在では〝氏神〟と呼ばれるようになりました。もともとは氏神は血縁関係の神（したがってイエの神）であるのに、それが地縁関係の神（ムラの神）である鎮守神や産土神と混同されてしまったのです。つまり、氏神がムラの神（村落共同体の神）になってしまったのです。

そうするとイエの神が消滅してしまったのかといえば、たしかにほとんどの家庭から神様は姿を消しました。だが、奇特な人は、自分の屋敷のうちに祠《ほこら》をつくって、そこに神様を祀っています。それがイエの神です。

それから、わたしが前に述べた、出雲に行かない留守神が、イエの神になります。とくに竈神《かまどがみ》は、どこの家にも竈や囲炉裏《いろり》があるのですから、それを守護する神様として、代表的なイエの神になります。もっとも現代人は、電気釜《がま》（自動炊飯器）やガスレンジを使いますから、電気やガスをイエの神として祀らないかもしれませんが……。

かくてようやく、名前のついた神を二種に分類することができました。

――ムラの神とイエの神――

です。その性格を要約しておきます。

ムラの神……村落共同体を守護する神で、一般に氏神・鎮守神・産土神と呼ばれます。この神が陰暦十月に出雲に行って、翌年の作柄や村人たちの縁談について合議するのです。

イエの神……各自の家を守護する神です。この神様は出雲に出張しません。ですから俗に留守神と呼ばれています。

▼祭りは神人交歓の行事

さて、わたしたちは、このムラの神を迎えて村祭りをやります。村祭りは地域共同体の祭りです。

ムラの神を、以下では〝氏神〟と呼ぶことにします。本当は氏神は血縁関係の神で、地縁関係の神であれば〝鎮守神〟と呼んだほうがよいのですが、そうすると農村的なイメージが強くなるので、最近はその土地の神を人々が〝氏神〟と呼んでいるので、それに従います。また、〝村祭り〟も農村の祭りを連想させるので、以下ではたんなる〝祭り（お祭り）〟と表記します。

ところで、農村のお祭り――村祭り――と都会の祭りが違っていることをご存じでしょうか？　先に引用した文部省唱歌の「村祭」の二番は、

年も豊年満作で
村は総出の大祭《おおまつり》

とあります。このように村祭り（農村の祭り）は、収穫を終えた秋に行なわれます。したがって〝村祭り〟は秋の季語です。これは、神に感謝を捧げるお祭りです。

一方、都会の祭りは夏季に行なわれ、〝夏祭り〟と呼ばれます。こちらのほうは、疫病や風水害といった災厄を祓《はら》い除くために行なわれる祭りです。つまり神にお願いをする祭りです。

だとすると、1章で述べた請求書の祈りが夏祭りで、領収証の祈りが秋祭り（村祭り）ということになります。しかし、いずれにしても、祭りは神と人が交歓する行事です。そのために重要になるのは、これも前に述べた神人共食です。神様にお供えした神饌を、祭

りの終了後、みんなで神様とともにいただく。それが祭りそのものの目的でもあります。

▼神様の降臨

祭りをやるためには、まず神様をお迎えせねばなりません。

じつは日本人は、祭りのたびに神様をお喚《よ》びして、神様にご来臨いただき、そして祭りが終われば神様にお帰りいただく。そういうふうにお祭りをやっていました。その祭りにあたって神霊を降臨し、憑依するとき、神霊の宿りの場とされるものを、

――依代《よりしろ》――

といいます。依代には樹木、岩石など、いろいろのものがあります。

ところが、のちに仏教が伝来して、仏教寺院には仏が常駐しているかのように思われるようになったもので、神道でも神社に神が常駐しているかのように考えられるようになりました。現在では、ほとんどの神道関係者が、

「神社に神はいつでもおいでになります」

と言っています。でも、これは実際の祭礼のやり方と矛盾します。やはり神様はどこか遠くにおいでになって、お祭りのたびに神官が神様にお願いをして、ご来臨いただくと考えたほうがよさそうです。そして神様は、祭礼が終わればご帰還されるのです。

そのいい例が御蔭祭《みかげまつり》です。

四月の中旬の酉《とり》の日（現在は五月十五日）に行なわれる葵祭《あおいまつり》は、平安時代には「まつり」といえばこの祭りを意味するほど盛大なお祭りです。京都の上賀茂神社と下鴨神社が一体となって行なわれる祭礼です。しかしこの葵祭は、その前に下鴨神社で四月の中旬の午《うま》の日（現在は五月十二日）に行なわれる御蔭祭がなければ始まりません。御蔭祭というのは、御蔭山まで神霊を迎えに行く儀式です。

この儀式は、御蔭山の麓まで、宮司以下大勢の人間が空馬を曳いて行きます。そしてその神馬が突然いななくか、あるいは何か変わった動作をすると、そのとき神霊が馬に乗られたのです。そうして錦蓋《きんがい》を馬の背にかけ、神馬を曳いて帰ります。

このように神様をお迎えしてから、お祭り（葵祭）が始まるのです。

こうした例は、日本の各地に見られます。

現在、稚児行列（あるいは稚児行道ともいいます）が寺院や神社の祭礼のときに行なわれています。大勢の子どもに同じ衣装を着せて練り歩かせるのです。でも、あれじゃあたんなる仮装行列であって、意味がありません。

本当は、たった一人の稚児です。そのたった一人の子どもを、おとなが肩車をして馬の所に連れて行き、馬に乗せます。

なぜ肩車をするかといえば、地面に足が着くと、地面の中に霊が吸い取られてしまうからです。いや、たいていの学者はそう説明しますが、わたしはそれは反対だと思います。わたしは、地面の下には死霊がいて、子どもの足が地面に着くと、その子どもに死霊が着くからだと思います。

それはともかく、着飾った稚児が馬に乗せられ、その馬をおとなが曳いて練り歩きます。子どもは退屈なもので、それに疲れてきて、馬の上でついこっくりと居眠りを始めます。

その瞬間に、神様がその子に宿ったわけです。

だから、子どもは依代なんです。いえ、人間が依代になる場合は、それを〝よりまし(憑坐)〟と呼びます。

いずれにしても神様にお出ましいただいて、それからお祭りが始まるわけです。

▼神輿荒れ

お祭りには神輿《みこし》が担がれます。神輿は神様の乗り物です。と、いちおうそういう説明がなされています。だが、わたしはちょっと疑問に思います。もしも神様をお乗せして運ぶのであれば、どうしてあんな乱暴な担ぎ方をするのでしょうか。納得できません。

その点はあとで考察することにして、神輿を担いでいると、突然、神輿が暴走を始めることがあります。それを、

――「神輿振り」または「神輿荒れ」――

といいますが、ひどい場合は商店の一軒に神輿が飛び込んで、その商店を滅茶滅茶に毀してしまうことがあります。わたしも中学生のときに、近所の商店街でそういう神輿荒れを見ました。

あとで聞いたおとなたちの噂話によると、なんでもその商店はお祭りの寄付をけちったから、そういう毀される目にあったのだということでした。

だが、そうだとすると、神輿荒れは、神輿を担いでいる全員が合意して、その商店に意趣返しをしたことになります。あるいは誰か黒幕がいて、その指図によって全員が動いたことになります。でも、そういう解釈は、ちょっと淋しいですね。

その後、わたしは各地の大勢の古老から意見を聞きました。わたしがこのような解釈を述べると、言下に、

「それは違う」

と否定される人が多くいました。むしろ反対に、お祭りに多額の寄付した氏子の家の前で神輿荒れが起きるそうです。そしてその結果、その人の家が毀されるのです。

「神輿荒れはね、あれは神様が喜んでおられる現象ですよ」

そう説明される古老もいました。

わたしはその解釈が当たっていると思います。

神輿はカミ様をお乗せする車です。しかしカミ様は、最初から神輿に乗っておられるわけではありません。みんなで「ワッショイ、ワッショイ」と担いでいると、突然、カミ様がその神輿に乗られるのです。それが神輿荒れです。

それはちょうど、人々がみんなで神馬を曳いて練り歩いていると、突然、その馬に神様が降臨されるのと同じです。

いま、わたしは〝カミ様〟と〝神様〟を区別して表記しました。葵祭（御蔭祭）において、神馬に降臨されるのは神様です。この神様が祭りの主役を勤められます。

一方、神輿に乗られるのはカミ様です。これは「気」「空気」のカミであって、お祭りが盛りあがったところで、突然、姿（というより姿なき姿と言ったほうがよいでしょう）を現わして神輿に乗られるのです。だから神輿はあんな担ぎ方をするわけです。

それ故、神輿荒れが起きるのは、カミ様が喜んでおられる証拠ですね。お祭りに協力した人の家の前で、そうした神輿荒れが起きるのは、十分に納得できます。

▼お祭りは浪費である

しかし、家を毀されるなんて迷惑至極だ――と、読者は口を尖らせて言われるかもしれません。そう言われる人は、けちくさい資本の論理に毒されていて、神道のこころが分かっていないのです。

じつは、資本の論理は、富の蓄積を良しとし、浪費を嫌います。しかし、神道のこころは、むしろ浪費を良しとし、富の蓄積を嫌うのです。そこのところが、現代日本人には分かっていないのです。また、神道学者にも分かっていません。

ここで、北太平洋沿岸のネイティブ・アメリカンのあいだで見られる「ポトラッチ」の風習の話をします。〝ポトラッチ〟とは、チヌーク族の用語で「贈答」を意味します。

ネイティブ・アメリカンのあいだでは、各集落の首長の家にある程度富が蓄積されると、誰か首長の一人が突然、他の首長たちを招待して、飲めや歌えの大宴会をやります。そして、招待した客には豪華な贈り物をするのです。

そうすると、次には、招待された首長の誰かが主催して、さらに豪勢な宴会を開きます。前の宴会よりも招待客を多くし、贈り物もいっそう豪華でなければなりません。そうでないと、いわゆるメンツがつぶれるのです。

これを、何人もの首長が順繰りにやります。すると、だんだんにエスカレートし、もう最後には、皆が見ている前でカヌーに火をつけて焼くようなことまでします。現在でいえば、キャデラックを一台ぶっ壊すのと同じです。

こんなことをやっていると、結局、誰かが破産します。その破産した者は、社会的ランクが一番下になります。首長のあいだでの順位が入れ替り、また新しい首長が生まれたりします。そうして再び富の蓄積が始まります。

富が蓄積されると、再びポトラッチが始まり、誰かが敗者になり、また富の蓄積が始まる。蓄積と浪費が繰り返されるわけです。

なぜ、こんな無駄なことをするのでしょうか？　わたしは、富の蓄積によって、社会の構成員のあいだの格差が拡がることを避けたのだと思います。富は、富裕な人間のところにますます多く集まる傾向があります。そうすると、どんどん格差が開くことになります。それは、資本主義社会において、経済成長によって格差が拡がるのと同じです。つまり金持ちはますます金持ちになり、貧乏人はますます貧乏になるわけです。

そこで、あまり格差が開かないように、富の蓄積がある段階にまでなると突然、贈り物合戦（ポトラッチ）が始まり、浪費によって全員が富を失うシステムをネイティブ・アメリカンが発明したのだとわたしは考えています。

そしてこれは、日本の神道のお祭りにも当てはまります。

人々は一年間、勤勉に働いて富を蓄積します。そしてお祭りになると、それをパアーッと使ってしまうのです。フランスの特異な思想家のバタイユ（一八九七―一九六二）は、それを〝浪費〟あるいは〝蕩尽《とうじん》〟と呼びましたが、この「蕩尽」こそが過剰な富をうまく処理する方法です。

いいですか、われわれ現代日本人は経済成長をいいことのように思っていますが、経済が成長するとますます格差が拡がります。最初に年収百万円と五百万円であった人が、倍々に経済が成長すれば、三年後には八百万円、四千万円になります。しかし、経済が成長すれば物価も高くなります。かりに物価が三年後に一千万円になれば、実質的には貧乏人はマイナス二百万円、金持ちはプラス三千万円になります。そのように経済成長は、貧乏人をいじめることになるのです。そして、経済を成長させるのは、過剰な富です。ネイティブ・アメリカンのポトラッチにしろ、日本の神道のお祭りにしろ、その過剰な富をうまく処理する見事な方法だと、わたしは考えます。

まあ、経済学についてはこれぐらいにしておきます。

だから、お祭りの神輿荒れによってわが家を毀された人も、その「浪費」を喜んでいるのです。迷惑至極だ、なんて思っていません。たしかに損失は損失ですが、それからの一年間、彼は、〈神様はわたしを祝福してくださったのだ〉と思って、また勤勉に働くでしょう。そうすると、自然にその人のところに富が集まって来ます。そして、翌年のお祭りを迎えるわけです。

つまり、神道というのは、なんだかおかしな言い方になりますが、わたしたちに、

——浪費のすすめ——

をしているのです。けちけちと、みみっちく金を貯めるなんて、そんな資本主義的発想をしてはいけません。そういう資本主義的発想こそ、わたしは神道の敵だと思います。それにしても、大勢いる神道学者にそのことが分かっていません。だから神道が衰微したのですよ。

▼年占

それから、お祭りのうちには、

——年占《としうら》——

を目的としたものがあります。年占というのは、作柄や漁業の豊凶、天候といったものについて、一年の吉凶を卜《ぼく》する占いのことです。

この年占は、各自の家庭においても行われますが、神社において競技の形で行われるものも多く、それが祭礼として有名になっています。集団間の競争の勝敗によって占うので

す。

　その競技は、綱引き・歩射《ぶしゃ》（〝奉射〟とも書く。馬に乗らずに徒歩で弓を引く）・石合戦・相撲・棒倒し・押し合い・競馬《くらべうま》・船競漕・凧上《たこ》げ・悪態つき・喧嘩など、さまざまです。

　よく知られているものは、正月三日に福岡市東区にある筥崎《はこざき》神社の「玉せせり」です。〝せせる〟というのは方言で、「触る」「競う」の意味で、幸運を授ける玉を裸になった男たちが浜組・岡組に分かれて奪い合いをするのです。裸になるのは、大勢の男たちが争いますから、衣服を着ていると危険だからです。

　年占は吉兆を卜するものです。A組が勝てば豊作、B組が勝てば凶作、といったふうに占われます。そうすると、A組が勝ったほうがわれわれ人間には都合がよいのですから、B組がわざと負ける――と、われわれは考えてしまいますが、それは邪推です。B組も必死になって勝とうとします。

　そこに、神意をうかがう意味があります。

　もちろん、神意が吉と出れば、われわれはうれしいですよ。でも、もしも神意が凶と出れば、わたしたちは最悪の事態に備えて、身を慎んで生きるのです。

「今年はあんまり作柄が良くないそうやから、贅沢したらあかんで……。いまからちゃんと心構えをしときや……」

と、互いに言い聞かせながら生きる。それが神意にかなった生き方になります。

神社でおみくじを引くのもその意味です。もっとも、近年は、おみくじに「凶」を入れない神社が多いそうです。縁起の良さが身上の神社だから……という理由だそうです。でも、それは、年占の本来の意味が分かっていないからだと思いますね。

4

神話の中の神々

▼八百万の神

日本には、八百万《やおよろず》の神がおいでになります。前にも言いましたが、これは誇張表現ではありません。

この点に関しては、わたしとの対談において、上田賢治氏が次のように言っています。

ひろ　だから、宇宙の森羅万象のうちに神があるというわけですね。

上田　いえ、それもまだ誤解を受けてしまいます。森羅万象の個別に独立の神がおられるんです。風の神と、雨の神というかたちでいわれるのは、宇宙の根底にダルマのような何かを予想しているのではなくて、具体的な宇宙のひとつひとつの働きに神を見ているわけです。

ひろ　では、その働きそのものが神だといってもいいわけですか。

上田　そうです。働きそのものに神を見ているんです。われわれは働きを通じてしか神を見ることはできません。だから、それに向かって仕え祭るのは、感謝する祭りをしているのです。

　働きが神だということは、まだ働きを示されていない神もいらっしゃることをいっているわけです。だから八百万の神がおられるというんです。八百万というのは八百万という数字ではないんですね。いよいよますますという意味が含まれていて、まだ働きを示されていない神様がいらっしゃるという認識があるから出てくる言い方なんです。だからわれわれが今までに受けたことのなかった働きを受けさえすれば、その働きに従って御名を奉って、新しく特別にその神様をお祭りするという営みをするわけです。（ひろさちや・上田賢治共著『ひろさちやが聞く神道の聖典』すずき出版）

上田氏は、わたしがその本質は「気」であるとするカミまでも含めて、八百万の神があると言っておられますが、なるほどカミを含めて神とすれば、日本には数えきれないほどの神々がおいでになる。

しかし、日本に仏教が伝来した五五二年（異説あり）のころは、神様の数はもっと少なかったようです。

日本に仏教が伝来したとき、その仏教を受容すべきか／否かに関して、崇仏派と排仏派に意見が割れました。『日本書紀』によると、物部尾輿《もののべのおこし》と中臣鎌子《なかとみのかまこ》の二人が排仏論を主張しましたが、彼らの言い分はこうです。

> 我《わ》が国家《みかど》の、天下《あめのした》に王《きみ》とましますは、恒《つね》に天地社稷《あまつやしろくにつやしろ》の百八十神《ももあまりやそかみ》を以《も》て、春夏《はるなつ》秋冬《あきふゆ》、祭拝《まつ》りたまふことを事《わざ》とす。方《まさ》に今改《いまあらた》めて蕃神《あたしくにのかみ》を拝《おが》みたまはば、恐《おそ》らくは国神《くにつかみ》の怒《いかり》を致《いた》したまはむ。

わが国には先祖代々の百八十神がおいでになるではありませんか。それを祀るのが天皇の仕事です。そんな外国の神様を拝んだら、わが国の神が腹をたてるに違いありません。だから仏教のような外国の神を拝んではなりません。そういった主張です。

ここに出てくる「百八十神」が、その当時の日本の神様の数です。といっても、神様を正確に数えたわけではないでしょう。これは概数だと思われます。

▼神話の神様の有名人紹介

たぶんこの百八十神は、『古事記』や『日本書紀』それに『風土記』などにその名前が出てくる神様だと思います。そしてわたしは、前章において名前のある神を、

地縁関係の神……出雲に行く神、

血縁関係の神……出雲に行かない神、

の二種に分類したとき、じつはこのほかに第三の神があると言いました（五〇ページ参照）。その第三の神が、『古事記』『日本書紀』『風土記』などの古典に登場する神です。もちろん、名前のある神です。れっきとした固有名詞をお持ちです。わたしはこの第三の神を、

——神話の中の神々——

と呼ぶことにします。神話の中で大活躍される有名人の神様が多数おいでになります。以下、その神々のうちの大スターを紹介します。掲載の順序は、だいたいにおいて年代順、つまり神話の展開の順にしました。

＊アメノミナカヌシノカミ（天之御中主神）

『古事記』の冒頭に現われる神で、天地開闢のとき、高天原に最初に現われた元始神で

す。まったく単独で現れ、とくに役割もなく、『日本書紀』にその記述がないことから も、どうやら『古事記』の完成時に、中国思想の影響を受けて、机上で創案された観念的な創生神であろうと学者はみています。

＊イザナギノミコト（伊弉諾尊・伊邪那岐命）／イザナミノミコト（伊弉冉尊・伊邪那美命）
日本神話で最初に夫婦となった創造神です。二神は海中を矛《ほこ》でもって掻き回し、矛先から滴った塩が固まってオノゴロ島となり、そのオノゴロ島に降り立って夫婦の契りを結びます。

『古事記』によると、女神のイザナミが、

「わたしの体には、成り成りて、成り合わざるところ一つあり」

と言えば、男神のイザナギが、

「わが体に、成り成りて成り余れるところ一つあり。どうじゃ、このわしの成り余れるところをもって、おまえの成り合わざるところに突き入れて、国土を創造しようではないか」

と言って、二人は夫婦の交わりをします。まるでポルノ小説を読むかのようです。

かくして二人は、本州をはじめとする国を生み、そのあと家の神や川の神、海の神、農業の神、風の神などを次々と生み、最後に火の神を生みました。この火の神を生んだときにイザナミは火傷《やけど》をして、それがもとでこの世を去って黄泉の国に旅立ちます。

じつは、『日本書紀』と『古事記』とでは、ここのところに記述の差があります。『日本書紀』の本文では、イザナミが多くの神々を生むときに、

高天原の支配者としての……アマテラスオオミカミ（天照大神）、

海原の支配者である……ツクヨミノミコト（月読命）、

根の国の……スサノオノミコト（素戔嗚尊）、

を生んだことになっています。しかし『古事記』は、イザナギが黄泉国に妻に会いに行き、そしてそこで禁忌を犯して逃げ帰り、その穢れを清めるために禊をしたとき、左の目を洗ったときにアマテラスオオミカミが、右の目のときにツクヨミノミコトが、鼻を洗ったときにスサノオノミコトが生まれたとしています。

その後、イザナギノミコトは淡路島（別伝では近江《おうみ》の多賀）に隠棲したことになっています。

＊ヒルコノミコト（蛭子尊）

イザナギノミコトとイザナミノミコトとのあいだに最初に生まれた子どもがヒルコノミ

コトです。しかしヒルコは身障者であったので、葦の葉舟に入れて流されます。だが、ヒルコは摂津国の西宮（兵庫県西宮市）に流れ着き、住民の夷三郎《えびす》に運よく救われ、大事に育てられました。そしてヒルコは、のちに戎《えびす》として西宮神社の祭神として祀られます。例の福の神ですね。

＊アマテラスオオミカミ（天照大神）

なんといっても、日本神話におけるナンバーワンはアマテラスオオミカミでしょう。女神です。太陽が神格化されたものと言われ、皇室の祖神として伊勢の皇大神宮（内宮）に祀られています。

アマテラスは高天原の統治を委託された最高神であり、高天原をよく統治していました。ところがそこに弟神のスサノオノミコト（素戔嗚尊）がやって来ます。国を奪われるのではないかと心配したアマテラスは、弟神と武装して対決しますが、スサノオに邪心がないことが証明され、二神は和解しました。

しかし、その後、スサノオの乱行がひどくなり、凶暴さを発揮したので、アマテラスはついに天の岩戸に姿を隠し、かたくその戸を閉ざしてしまいました。そのため天地は真っ暗闇となり、善神が影をひそめ、悪神が横行し、不幸や災害が続々と発生します。

そこでオモイカネノカミ（思兼神）を中心に神々がいろいろと評議し、見事にアマテラスを天の岩戸から誘い出しました。このとき、アメノウズメノミコト（天宇受売命）が岩戸の前で全裸のストリップを演じ、高天原の神々が沸《わ》きに沸いて笑いころげます。そのどよめきを不審に思ったアマテラスが天の岩戸を少し開けます。そういうきっかけでアマテラスは岩戸の外に誘い出されたのです。ストリップも役に立ちますね。

それはともかく、この天の岩戸の神話は、冬至のころに弱くなった太陽の霊魂を招き返し、太陽にもう一度活力を与えようとするお祭りだと解釈されています。そういえばキリスト教のクリスマス（キリスト降誕祭）が十二月二十五日になったのは、四世紀の中ごろに、西方において異教徒が冬至に太陽崇拝の祭りをやっているのが取り入れられたものだとされています。おもしろいですね。

そのあと、アマテラスには「天孫降臨」の神話があります。ただしこの神話は、『古事記』と『日本書紀』の本文とでは、その細部がかなり異なります。『古事記』によると、アマテラスがその孫のニニギノミコト（瓊瓊杵尊）に命じて、高天原から日向国《ひゅうがのくに》の高千穂に降臨させます。もちろん、この日本を支配させるためです。その際、アマテラスはニニギに三種の神器――八咫鏡《やたのかがみ》・草薙剣《くさなぎのつるぎ》・八坂瓊曲玉《やさかにのまがたま》――を授けたとされています。『日本書紀』の本文では、命令者はアマテラスではなしに、タカミムスヒノミコト（高皇産霊尊）

になっています。

＊スサノオノミコト（素戔嗚尊）

スサノオノミコトはアマテラスオオミカミの弟神です。

スサノオは最初、父神であるイザナギノミコトから海原の支配を命じられましたが、彼自身は母神のイザナミノミコトのいる黄泉の国に行きたいとだだをこねたので（典型的なマザー・コンプレックスですね）、ついに追放処分になりました。それでお別れのために高天原に姉神のアマテラスを訪ねますが、そこで乱暴を働き、ついにアマテラスが天の岩戸に隠れるという事態になったのは、アマテラスの項で語りました。

さて、天の岩戸事件が解決したあと、スサノオは神々の合議によって、髪を切られ、髯《ひげ》は抜かれ、手足の爪も抜かれて、高天原から追放になりました。そして葦原中国《あしはらのなかつくに》の出雲に降りて行きます。この出雲で、例のヤマタノオロチ（八岐大蛇）を退治することになります。

ヤマタノオロチは出雲国簸川《ひのかわ》の上流に棲む、八つの頭、八つの尾、そして真赤な目を持つ大蛇です。これはたぶん、斐伊《ひい》川の洪水を素材とした伝説だろうと多くの学者が推理しています。スサノオはこの大蛇を退治し、大蛇への人身御供とされていたクシナダヒメ

（奇稲田姫）を救いました。また、ヤマタノオロチの尾から出た天叢雲剣《あめのむらくものつるぎ》を、スサノオはアマテラスに献上しています。この剣が、三種の神器の一つ、草薙剣《くさなぎのつるぎ》です。ところで問題は、このように出雲を舞台とした神話が、『出雲国風土記』にまったく登場しないことです。そして、『日本書紀』では、スサノオとクシナダヒメとのあいだに出来た子がオオクニヌシノミコト（大国主命）とされています。『古事記』だと、オオクニヌシは二人の六世の孫になっています。

ともかくスサノオは、高天原と出雲の両方で活躍する珍しい神です。それだけに評価が違ってくるのです。高天原では乱暴者、出雲では立派な統治者とされています。

＊オオクニヌシノミコト（大国主命）
オオクニヌシノミコトは、その名の通り葦原中国《あしはらのなかつくに》の主を意味します。オオクニヌシには異母兄が八十人もあり、その異母兄が稲羽《いなば》（因幡）の国に住むヤカミヒメ（八上比売）に求婚するのに、従者となってついて行きます。

おおきな　ふくろを、かた　に　かけ、
だいこくさま　が、きかかる　と、

ここに　いなばの、しろうさぎ、
　かわを　むかれて、あか　はだか。

あの「尋常小学唱歌」（石原和三郎作詞）の話です。〝だいこく〟は〝大国〟を音読みしたものです。

意地悪な兄神たちは、鰐《わに》に皮を剝がれた兎をいじめますが、オオクニは兎を助けてやります。それで兎は、「きっとヤカミヒメはあなたを選ぶでしょう」と予言し、それが見事に成就します。

だが、ヤカミヒメがオオクニを選んだことを恨んだ兄神たちは、計略でもってオオクニを殺します。彼は二度も殺されますが、そのたびに母神に助けられて蘇生しました。そしてスサノオノミコトのいる根《ね》の国（黄泉の国）に逃げ込んだのです。

根の国では、オオクニはスサノオから数々の試練を課されます。しかしその試練も、スサノオの娘のスセリビメ（須勢理毘売）の助力を得て克服し、地上に帰還しました。そして根の国から持ち帰った神宝の力でもって兄神たちを討ち破り、葦原中国の支配者となりました。

のちにオオクニは、天孫降臨に先立って、アマテラスオオミカミの命により出雲国に下りて来たタケミカズチノカミ（建御雷神）に国譲りをし、幽界に隠れました。

▼神話を重視する必要はない

さて、『日本書紀』『古事記』『風土記』には多くの神話が語られ、大勢の神々が登場します。そして神道学者たちはその神話をさまざまに解釈・解説し、まるで神話が日本の神道の根幹であるかのようにわれわれに思わせています。とくに戦前がひどかった。戦前の、天皇を現御神《あきつみかみ》（あるいは現人神《あらひとかみ》）とする国家神道においては、神話によって日本（大日本帝国）が世界に冠たる「神国」であることが証されているとして、神話を無批判に歴史的事実と信ずるようにと、われわれは強制されたのです。まさに神話は、天皇制国家・独裁国家・軍事国家を支える政治イデオロギーになっていました。

ここのところをはっきりさせておきましょう。神話は政治イデオロギーなんです。日本が天皇の支配する国であることを国民に得心させるために、為政者が利用した道具なんです。わたしたちがいくら神話を学んでも、そこからわれわれがこの苦悩の人生をどのように生きればよいかといった、宗教的な教えを引き出すことはできません。

まあ、それはともかくとして、神話によって美化されていた「神国日本」は、見事に戦争に負けました。

そしてその「神国」が、アメリカという国——昨日までは「鬼畜米英」と呼んでいた鬼畜の国——に占領されたのです。

占領軍の司令部であるＧＨＱ（連合国軍最高司令官司令部）は、一九四五年十二月二十五日、

——「国家神道、神社神道にたいする政府の保証、支援、保全、監督ならびに弘布の廃止にかんする件」——

といった「覚え書」を発しました。これによって国家神道は廃止になり、徹底的な政教分離となったのです。

かてて加えて、翌一九四六年元旦、昭和天皇は年頭にあたって詔書を出しました。その中で、彼は言っています。

> 朕《ちん》と爾等《なんじら》国民トノ間ノ紐帯《ちゅうたい》ハ、終始相互ノ信頼ト敬愛トニ依リテ結バレ、単ナル神話ト伝説トニ依リテ生ゼルモノニ非ズ。天皇ヲ以テ現御神《あきつみかみ》トシ、且《かつ》日本国民ヲ以テ他ノ民族ニ優越セル民族ニシテ、延《ひい》テ世界ヲ支配スベキ運命ヲ有ストノ架空ナル観念ニ基クモノニアラズ。

昭和天皇がそれを言うのであれば、わたしはもう少し早く言ってほしかったと思います。そうすれば日本の各都市への爆撃もなかったでしょうし、広島・長崎への原爆投下もなかったでしょう。でも、戦争中にこれを言えば、昭和天皇自身が暗殺される危険がありました。だから彼は黙っていたのです。しかし、それはともかくとして、昭和天皇は、天皇を現御神（生きている神）とし、日本国民が他の民族よりも優越しているといった観念は、架空な神話と伝説であると断じています。昭和天皇みずからが神話を否定したのですから、わたしたちも神話を重視することはやめましょう。

▼反道徳的な日本の神話

戦後になって、『日本書紀』や『古事記』の研究が自由に行なわれるようになりました。そうすると、どうやら天皇家の一族は朝鮮から日本に入って来たようです。多くの研究者がそう言っています。現在、宮内庁は古墳の発掘を制限していますが、その理由は、天皇家の古墳から朝鮮のものが出てきては困るからだと言われています。

それから、高天原は朝鮮だとされています。前にも言いましたが、〝アメ〟は「天」を意味し、〝アマ〟は「海」を意味するからです。だとすると、例の「天孫降臨」だって、高天原といった天上世界から天皇家の一族がやって来たのではなく、海のかなたの朝鮮半島から日本に侵入して来たことになります。そう教わって『古事記』や『日本書紀』を読むとおもしろいですね。

それから、天皇家には兄弟喧嘩が多いですね。古いところでは、アマテラスオオミカミ（天照大神）とスサノオノミコト（素戔嗚尊）が喧嘩をしています。もっとも、『旧約聖書』においても、アダムとイブの子のカインとアベルの兄弟が喧嘩をして、弟のアベルが殺されています。洋の東西を問わず兄弟が仲の悪いのは当然で、最近の日本の皇室だけじゃなさそうです。でも、天皇家の歴史の中では、あまりにも兄弟同士の殺し合いが多いですね。

それから、ヤマトタケルノミコト（倭建命）の熊襲《くまそ》討伐の話なんか、女装して相手を暗殺しています。正々堂々と戦っていません。こんなの卑怯ですよ。目的のために手段を選ばず——といったところでしょうか。いかにも政治家のやりそうなことです。道徳的に誉められたものではありません。

このように、わたしたちは神話から学ぶことはできません。学ぶとすれば、せいぜい反面教師としてでしょうか。わたしは、神道学者の多くが麗々しく神話を語るのを苦々しく思っています。わたしの関心は生活の中の神道にありますから、神話に登場する神々はほとんど無視しようと思います。読者は、この章でわたしが紹介した神々に関する神話程度のことを知っておかれるとよいでしょう。それで十分だと思います。

5

ご先祖様という神

▼神道の二大行事——正月と盆

生活の中の神道といえば、日本人にとって大事な神道の行事が二つあります。

——正月と盆——

です。この二つは、二大民族行事といってよいでしょう。

えっ、お盆が神道の行事なの……?!　お盆は仏教の行事ではないの?!　そう言われる読者もおいでになるでしょうが、お盆はれっきとした神道の行事です。

それが証拠に、一九七〇年代の初めごろまでは、浄土真宗の寺院ではお盆の棚経《たなぎょう》をやりませんでした。棚経というのは、盂蘭盆会《うらぼんえ》（お盆のこと）に精霊棚《しょうりょうだな》の前で僧が読経をすることです。精霊棚というのは、お盆に精霊を迎えるために設ける棚です。これについてはあとで解説します。

なぜ浄土真宗ではお盆をやらないのか？　浄土真宗の人たちは、ひたすら阿弥陀仏だけを拝み、神道の行事を避けるからです。あまり神社に詣でることをしません。そしてお盆が神道の行事であることを知っていたので、昔は浄土真宗ではお盆をやらなかったのです。しかし最近は、浄土真宗でもお盆の棚経をやるようになりました。堕落しましたね。

前にもちょっと触れましたが、キリスト教のクリスマスというのは、起源的には異教徒の冬至祭がとりいれられたもので、ピューリタンのうちにはキリスト教本来のものではないとして、これを認めない教派もあります。浄土真宗はピューリタンと似ていますね。しかし近年は、ほとんどの教派でクリスマスを祝うようになりました。ピューリタンも堕落したというべきか、時代の趨勢には勝てないというべきでしょうか。

しかし、お盆が神道の行事であることは、あとでじっくり解説します。読者は、まずお正月とお盆が神道の二大行事、それも生活の中の二大行事であることを知っておいてください。

▼年神を迎える

では、正月とはいったい何なんでしょうか……？

これを、たんにカレンダーの交換と思わないでください。欧米人の感覚ではそうなりますが、神道においては、正月になると正月様が各自の家に戻って来られるのです。正月様には、年神様《としがみ》・若年《わかとし》さん、歳徳神《としとく》・年爺さんといった異名があります。これは各自の家の祖霊（先祖の霊）なんです。したがって年神を祀るのは、家単位で行なわれます。で、年神を迎えるには、家全体が祭場になります。そのために、屋内に注連縄《しめなわ》を張ります。

じつは、年神を迎える準備は、すでに暮れの十二月十三日から始まります。江戸では十二月八日でした。古来、この日は〝煤払い《すすはら》〟〝事始め《ことはじ》〟と呼ばれ、この日に煤払いや大掃除をして、正月の祭場をつくる準備をするのです。古風な例だと、この日に山へ行って松の木をとって来ることになっていました。それが門松です。門松は年神が降臨される依代《よりしろ》です。門松は、一月の四日または七日ごろまで立てておくものです。

ただし、門松を門口に立てずに、床の間や神棚に飾る地方もあります。その場合は〝拝み松〟といいます。

さて、年神はいつおいでになるのでしょうか？　現代人の感覚だと一月一日の午前零時ということになりますが、じつは十二月三十一日の夜なんです。

江戸時代でいえば、一日の始まりは三つありました。

天の一日は……夜中の零時に始まります。

地の一日は……夕暮れを待って始まります。

人の一日は……夜明けをもって始まります。

神道の行事は、天の一日か地の一日でもって行なわれます。神社の神事は天の一日によることが多いのですが、村落や家で行なわれる祭りは、地の一日で行なわれます。だから、正月の行事も十二月三十一日の夕暮れを待って始まるのです。

この点は、ユダヤ教やイスラム教、あるいはヒンドゥー教においても同じです。一日は日没をもって始まります。ですから、現代人は、クリスマス・イブといって「前夜祭」にしていますが、昔の人の感覚では「前夜」ではなしに、すでに日没からクリスマスは始まっているのです。正月もそれと同じで、十二月三十一日の日没をもって始まっています。

現在、われわれは大晦日に年越そばを食べます。じつはあれも、すでに正月の行事なんです。昔の人は、大晦日の夕食に正餐《せいさん》をいただきました。正月の始まりを祝う豪華な食事でした。それが年越しそばといった、あんなみみっちい食事になってしまったのです。生活の中の神道が忘れられてしまったためです。

▼雑煮と鏡餅

十二月三十一日の夜に年神を迎えて、これにお供えをします。神様に供える飲食物を〝神饌《しんせん》〟といいますが、その神饌を下ろして、それをごった煮にして食べるのが雑煮《ぞうに》です。このときは、人間が神様と一緒にいただくのです。ですから正月に使う箸は両端が細くなっています。あれは、一方は神様が使われるからです。だから、箸の反対側を使うようなことをしてはいけません。神様に叱られますよ。

この神様と一緒に食事をすることを、〝直会《なおらい》〟といいます。神様とともに食事をする、すなわち「神人共食」が、神道の祭りの重要な部分です。現在は、直会は、神祭りの終わったあとの慰労会のように考えられていますが、本来慰労会のほうは〝後宴《ごえん》〟と呼ばれるもので、まったく別なものです。古来、直会は祭りを構成する重要な儀式の一つでありました。

かくて、年神様と一緒に雑煮を食べるのが正月の神事の重要な儀式だということが分かりました。この場合、家族の全員が一緒にいただかねばなりません。家族といっても、現在のような核家族ではありません。むしろ一族郎党といったほうがよいでしょう。正月には、血のつながった同族が、一家の主人の家に集まるのです。

そこで、遠くに離れて住んでいる者も、正月には親許に帰って来ます。その際、親元にお土産を持ち帰るのがお歳暮です。一族がそろって食事をするのですから、そのお歳暮は食料品が中心になります。

それから、わたしたちは、お雑煮には餅《もち》が欠かせないものと思っています。だが、柳田国男の研究によりますと、雑煮に不可欠なものは里芋《さといも》だそうです。しかし、なぜ里芋が重要なのか、よく分かりません。

餅のほうは、これは、「年玉《としだま》」だと思います。近年では、正月に子どもたちに与えるお小遣いを〝お年玉〟と呼んでいますが、もともと〝玉〟は〝霊《たま》〟でしょう。元日に年神様が人々にその年の霊を配られる。その霊を丸餅にしたのがお年玉だとわたしは考えます。

それが証拠に、お正月には鏡餅をつくってお供えします。この鏡餅が年神様の霊威になります。丸餅はその霊威を分割したものです。そして、正月の行事が終る正月十一日に、鏡餅をこわして皆でいただきます。これを鏡開きといいます。

ともあれお正月というのは、正月様と呼ばれる年神を迎えて、家族の全員がそろって祝う神道の大事な行事です。そのことを忘れてはいけませんよ。

▼お盆もまた祖霊を迎える行事

次に、お盆もまた、先祖の霊である祖霊を家に迎える神道の行事です。多くの人はお盆は仏教の行事だと思っていますが、それは江戸時代に、檀家制度によって仏教側が仕掛けた策略によるもので、実際は神道の行事です。

お盆には、正月と同様、祖霊が各自の家に戻って来られます。

けれども、祖霊にはいろいろと段階があります。

まず、死んだばかりの霊魂は、荒々しく戦闘的で祟りをする霊魂です。神道では、それを〝荒御魂《あらみたま》〟と呼びます。

この荒御魂を鎮魂儀礼をすることによって、柔和な霊魂になったのが和御魂《にきみたま》です。古代はこれを〝にきみたま〟といいましたが、後世は〝にぎみたま〟と読んでいます。

そして、和御魂がさらに柔和になると神霊になります。もうこの神霊の段階になると、個性がなくなってしまいます。そして家を離れて氏神となって、神社に祀られます。

つまり祖霊は、

荒御魂――→和御魂――→神霊

となるわけです。

で、正月に各自の家に帰って来られる年神様は、この神社に祀られている神霊です。いつから神霊となるかといえば、柳田国男の説によると三十三年ぐらいだそうです。ですから三十三回忌を機として神霊になるといえるでしょう。

それに対して、お盆に各自の家に戻って来られる祖霊は、荒御魂から和御魂の段階にある霊です。これを日本人は〝ホトケ〟と呼びます。ホトケといっても、仏教の仏《ぶつ》（仏陀）を連想しないでください。国語辞書には、〝ほとけ〟に、

《死者。死体。死者の霊。》（『大辞林』）

《死者またはその霊》（『広辞苑』）

とあります。テレビなどで、刑事が被害者の死体を、「このホトケさんは……」と言っています。その場合は、別段、悟りを開いた偉い仏ではありません。それでわたしはこれをカタカナ表記にします。

とすると、お盆に各自の家に戻って来られるのはホトケです。

でも、ホトケと呼ばれても、神道的には祖霊であることにはまちがいありません。そして祖霊は神様ですから、お盆も正月と同じくめでたい行事です。だから昔の人は、

「結構なお盆でおめでとうございます」

と挨拶をしました。現在でも、一部の地方にそういう風習が残っています。

もっとも、そのお盆の直近に死者を出した家の人には、

「新盆《にいぼん》でお淋しゅうございます」

と言います。これはお正月だって同じです。正月の挨拶は「おめでとうございます」で

すが、近々に死者を出した家の人には、やはり、

「お淋しゅうございます」

と言います。それが社会的慣行です。

▼死のケガレ

盆と正月の類似性を指摘する前に、死穢《しえ》と忌《い》みについて考察しましょう。

死がケガレ（穢れ）であることは、すでに2章で話しました（三六ページ参照）。そしてケガレとは、網野善彦が、「均衡状態の崩れ」だと解釈していることもそこで指摘しました。死によって人口が減るのも、出産によって人口が増えるのも、ともに均衡状態が崩れるのでケガレになります。

そして、とくに昔の人は、この死のケガレを恐れました。

平安初期につくられた、律令の施行細則である『延喜式』には、死のケガレに関するおもしろい規定があります。

まず、Aの家で誰かが死んだとします。すると、Aの家の者の全員が死のケガレに汚染されます。これは当然ですね。

次に、Bの家の者がA家を訪問し、そこで着座したあと、自分の家に帰って来ます。着

座してというのは、玄関で立ち話程度をするのはいいのです。正式に畳の上に坐ることです。すると、Bの家の者の全員が死のケガレに汚染されるのです。二次的感染ですね。

さらに、C家の者がこの汚染されたB家にやって来て着座します。すると、この着座した者は汚染されますが、汚染されるのは彼一人です。C家の他の者は汚染されません。けれども、B家の者がC家に行って着座すれば、C家の全員が死のケガレに汚染されます。ところが、この場合でも、D家の者がC家に行って着座しても、もはや汚染されることはありません。つまり汚染は三次的感染までです。

もちろん、A家の者がどこの家に行っても、着座をすればその家は汚染されますよ。

このように、死のケガレというものは、細菌かウイルスのようなものです。そして、このウイルスを払う方法は、一般的には塩または海水でもって清めることです。現在でもお葬式から帰って来たとき、玄関でその人に塩を振りかけますね。あれが清めです。

さて、死のケガレという病原菌を持った者が、ひょこひょこと村を歩けば、村中に病原菌がばらまかれます。そこで、病原菌のキャリアー(保有者)を一定期間隔離しておかねばなりません。家の中に閉じ込めておくのです。それが忌みです。その忌みの期間を忌《き》中《ちゅう》といいます。忌中には、年賀の儀に参加することは許されず、また神社への参拝も許されません。じっと謹慎していなければならないのです。

忌中が終わっても、悲しみは残ります。死者を追悼する気持ちがあります。その死者を追悼することが「服」です。〝服〟は〝ふく〟とも〝ぶく〟とも読みます。これは「喪《も》に服すること」で、したがってこれを〝喪〟ということもあります。

ですから、「忌中」と「喪中」とでは、まったく意味が違っています。忌中のほうは、社会から謹慎を命じられたものですが、喪中は自発的に自分が社会との交際を避けているのです。喪中だからといって年賀の儀に参加しない人がいれば、昔であればその人は村八分にされたでしょう。最近は、「喪中につき年賀状を出しません」と言う人がいますが、そういう人とは今後いっさいお付き合いをしないほうがよいでしょう。いえ、これは冗談ですよ。しかし、日本人が昔のしきたりを忘れてしまったことは確かですね。

さて、ではどれくらいの期間、忌中や喪中が続くかといえば、死んだ人との関係によってその長短が決められています。本当は、喪中はその人の自由意志によるものですから、社会的に定める必要はありません。わたしの知っているイギリス人なんかは、夫の喪に服して一生喪服を着ている人がいます。ですから、喪（服）に関しては、これはだいたいの目安だと思ってください。

明治七年（一八七四）に出された太政官布告《だじょうかんふ》による「服忌令《ぶっきりょう》」によると、次の通りです。

	忌	服
父母	五十日	十三ヶ月
夫	三十日	十三ヶ月
妻	二十日	九十日
子（嫡男）	二十日	九十日
子（他の子）	十日	三十日
兄弟姉妹	二十日	九十日
祖父母（父方）	三十日	百五十日
祖父母（母方）	二十日	九十日
伯叔父母（父方）	二十日	九十日
伯叔父母（母方）	十日	三十日
従弟姉妹	三日	七日
孫（嫡孫）	十日	三十日
孫（他の孫）	三日	七日
甥姪	三日	七日

▼ご先祖様はどこから帰って来るか？

もう一度、話をお盆に戻します。

お盆の行事は正月の行事とよく似ています。

まず、お正月に年神を迎える準備をするのが十二月十三日（あるいは十二月八日）の煤払い（あるいは事始め）ですが、お盆の場合はこれが「棚機《たなばた》」です。現在においては、これは七夕《たなばた》と表記され、七月七日に星を祭る行事になっていますが、昔は、この日に祖霊を迎える棚（精霊棚《しょうりょうだな》あるいは盆棚《ぼんだな》ともいいます）をつくったのです。〝機〟は、女性が機《はた》を織って神を迎えるからだといいます。現在でも、地方によってはこの日を〝七日盆《なぬかぼん》〟と呼びます。この日に墓場までの道の草を刈り、墓掃除をしました。さらに、この日に、ご先祖様は馬に乗って帰って来られるというので、藁《わら》や真菰《まこも》で馬の形を作り、それを〝迎え馬〟とか〝七夕馬〟と呼んでいました。現在ナスとキュウリで牛と馬をつくってお供えするのは、その変形といえましょう。来られるときは馬に乗って早く来てください。しかしお帰りになるときは、牛に乗ってゆっくりお帰りください。わたしはそんな説明を祖母に教わりましたが、なかなかうまいこじつけ解釈です。

さて、ご先祖様の霊が各自の家にやって来られるのは、七月十三日です。それでこの日を〝迎え盆〟と呼びます。ここで七月十三日というのは旧暦です。東京ではこれをそのまま太陽暦の七月十三日にしていますが、ちょっと季節感が違いますので、多くの地方では月遅れ盆といって、七月を八月にずらして行事をやります。ですから迎え盆は八月十三日になります。なお、〝盆〟は秋の季語です。

ご先祖様が各自の家を去って行かれるのが七月十六日（月遅れだと八月十六日）の送り盆です。ご先祖様を迎えるときも、またお送りするときも盆火《ぼんび》が焚かれますが、とりわけ送り火が重視されます。この送り火が観光化されたのが、現在の京都の大文字です。また各地で行なわれる灯籠流しも送り火になります。

わたしは子どものころ、祖母に尋ねました。

「おばあちゃん、ご先祖様はどこから帰って来やはるんや？」

「そら、地獄からや」

なるほど地獄から脱出できるのだから、ご先祖様にとってはいいことです。それで安心したのですが、八月十六日にご先祖様は家から出て行かれるといいます。それで心配になって、祖母に訊きました。

「おばあちゃん、ご先祖様は、また地獄に行きはるんか？」

「いいや、なんでも海の向こうに行きはるそうやで……」

しかし、翌年、「ご先祖様はどこから帰って来やはるんや？」と尋ねますと、祖母はまた、「地獄からや」と答えます。どうしても腑に落ちませんでした。

しかし、沖縄地方では、ニライカナイという理想郷が海の彼方にあり、祭りの際にはこの他界から来訪され、また死霊もこの他界に行くと信じられています。だからお盆にやって来られるご先祖様も、きっと海上他界からやって来られ（地獄ではありません！）、また海上他界に戻って行かれるのだと思います。灯籠を川や海に流すのも、その海上他界を想定しているのだと思います。

それから、もう一度繰り返しますが、お盆は祖霊を家に迎える、めでたい神道の行事です。この一年間に不幸のなかった家では、盆のあいだ神棚に魚を供え、生臭物を贈答する習俗があります。親が健在であれば、盆のうちに魚をとってきて料理し、親にすすめます。これを生見玉《いきみたま》といいます。これが現在の中元の贈答の起源です。これじゃあ、仏教の行事とはいえませんよね。

▼檀家制度の弊害

なぜお盆が仏教の行事と思われるようになったのでしょうか？

それは、江戸時代の檀家制度に起因します。

江戸幕府はキリシタンを禁教にし、こっそりとそれを信じている者をなくすために、寺の僧侶に寺請状《てらうけじょう》を発行させせました。寺請状というのは、「この者はうちの寺の檀家です」といった証明書です。これによって、その者がキリシタンでないことが証明されます。そしてこの寺請状がないと、縁組・旅行・移転・奉公もできなくなります。

寺請状は、当初はキリシタンから転宗した者に出させたのですが、キリシタンがいなくなってからも、幕府は民衆の管理に都合がよいもので、この寺請状を寺院に発行させる寺請制度を存続させました。ということは、すべての人がどこかの寺の檀家でなければならない、檀家になることを義務づけたわけで、それを檀家制度と呼びます。

この檀家制度は僧侶の腐敗を招きました。檀家は所属する檀那寺《だんなでら》の護持が義務づけられていますから、檀那寺の言い成りに金を出さねばなりません。寺のほうは、檀家から金をむしり取ろうとします。これといった宗教活動もしないで、檀家から金をまきあげるのです。それじゃあ、仏教寺院が堕落するのはあたりまえですね。

いや、寺は何もしないのではなく、葬式をやります。葬式は、けれども宗教活動ではありません。寺が葬式をやるのは、たんなる営利事業です。しかし、幕府が寺院に葬式をやれと命じたもので――キリシタンにこっそりキリシタンの葬式をやらせないためです――、それをいいことに仏教寺院が堂々と営利活動をやるようになりました。それが現在、仏教が「葬式仏教」と蔑称されている原因になります。

僧侶が葬式にタッチする以前は、葬式は一家の主人の仕事でした。主人が死んだ場合は、跡取りがやります。そして、葬儀を終えたあと、だいたい一年ぐらいは死者の霊魂は荒御魂の状態でいますが、一年もすると和御魂になります。つまり祖霊と呼ばれるものになって、お盆に各自の家に帰って来られるのです。これを一家で喜んで迎えるのがお盆の行事です。お盆はめでたい行事でした。

ところが、仏教のお坊さんが葬式にしゃしゃり出てくると、お坊さんは葬式だけではあまり儲かりませんから、年回法要というものを考え出します。年回法要というのは、葬儀のあとでする鎮魂儀礼だと思ってください。この鎮魂儀礼（年回法要）をやらないと、死者は成仏できないといった迷信を人々に植えつけたのです。

その年回法要は、

——一周忌・三回忌・七回忌・十三回忌・十七回忌・二十三回忌・二十七回忌・三十三回忌——

です。そのたびに僧侶は檀家から金銭を巻き上げるのです。そして、三十三回忌になって、ようやく成仏できるといった迷信をつくりあげました。

そうすると、八九ページで言った、

荒御魂—→和御魂—→神霊

といったプロセスがだいぶ変ってきます。江戸時代以前は、荒御魂の段階は一周忌まで（死後一年間）、そしてそのあと三十三回忌（死後三十二年）までは和御魂で、それが終ると神霊になって氏神に祀られる、と考えられていました。ところが江戸時代になると、僧侶が三十三回忌が終わるまでは成仏できないと言い出したもので、死後三十二年間が荒御魂だと考えられるようになったのです。

そして、三十三回忌が終わるまではまだ荒御魂だ、成仏できない、となると、その鎮魂儀礼は仏教僧の仕事になります。そこで、お盆がその鎮魂儀礼をやるものだとなり、お盆は仏教行事だと思われてしまったのです。

また、仏教側は、『盂蘭盆経《うらぼんぎょう》』といったいかがわしい経典を持ち出して、お盆が仏教行事であることを宣伝したのです。『盂蘭盆経』がいかがわしいお経だと言ったのは、この経典にはサンスクリット語の原典が見つかっておらず、偽経の疑いがあるからです。また、『盂蘭盆経』の内容は、釈迦の弟子の目連（マウドガルヤーヤナ）が餓鬼《がき》世界に堕ちた母を救う話で、地獄とは関係のない経典です。だからこれを「お盆のお経」とするには無理があります。

繰り返しておきますが、お盆は、和御魂になった祖霊が各自の家に帰って来られるのを迎えて、家族の全員がこの祖霊とともに食事をする、神道のめでたい行事です。仏教の行事でないことを確認しておいてください。

▼人は死んだら神になる

人は死んだら神になります。最初は荒御魂であったものが、次に和御魂となり、さらに神霊となって氏神に祀られるのです。

ところで、人は死んだら神になるといえば、読者は菅原道真《すがわらみちざね》（八四五―九〇三）を思い出されると思います。

菅原道真は平安中期の学者であり、政治家です。宇多天皇に信頼され、異例の出世をし、右大臣に任ぜられました。しかし彼は讒言にあって左遷され、九州の太宰府で死にました。

道真の没後、京都に雷雨などの災禍が続きます。人々はこれを道真の怨霊のせいとし、そこで朝廷は道真の霊を北野に祀りました。それが北野天満宮《てんまんぐう》です。彼の死後四十年のころです。そして道真には「天満大自在天神」の神号が追謚《ついし》されましたので、〝天満宮〟あるいは〝天神〟といった呼び名もあります。

また、北野天満宮のほか、のちに太宰府天満宮も建てられ、現在は全国に約五千の天満宮があります。天神様は文芸の神とあがめられ、近年は受験の神様として信仰されているのはご存じの通りです。

ともかく道真は人間であって、それが死んだあと神に祀られたのです。まさに人は死んだら神になるのいい例です。

歴史上の人物で、死んだあと神社に祀られている人は、そのほか大勢います。戦前の別格官幣社から、主な人物を拾ってみましょう。

楠木正成《まさしげ》……湊川神社（神戸市）
楠木正行《まさつら》……四条畷神社（四条畷市）
新田義貞……藤島神社（福井市）
毛利元就《もとなり》……豊栄神社（山口市）
上杉謙信……上杉神社（米沢市）
織田信長……建勲神社（京都市）
豊臣秀吉……豊国神社（京都市）
徳川家康……東照宮（日光市および静岡市）
徳川光圀《みつくに》……常磐神社（水戸市）

それから、明治以後では、
乃木希典《まれすけ》（陸軍軍人）……乃木神社（東京都）

東郷平八郎（海軍軍人）……東郷神社（東京都）

があります。しかし、乃木神社も東郷神社も、ともに府県社であって、別格官幣社より一段格下になります。もっとも、こういう格づけは戦前の話ですが……。

それから、さらに格下の郷《ごう》社や村社をさがすなら、有名・無名の人が祀られた神社が数多くあります。たとえば、口中の病で死んだ人が、死後に口中の諸病を治す神になったり、おこりで死んだ者がおこりを治す神になったり、痔で死んだ人が痔の神になったりします。

2章において本居宣長の「神」の定義を紹介しましたが、彼は、

《尋常《よのつね》ならずすぐれたる徳《こと》のありて、可畏《かしこ》き物を迦微〔＝神〕とは云ふなり》

と言っています。尋常でないものが神です。だから、痔で尋常でない苦しみをすれば神になれるのです。わたしなんか、かつては痔で苦しみましたが、ウォシュレットを使うようになってだいぶ楽になりました。これじゃあ痔の神様にはなれませんよね。

▼神が人間となって出現する

ところが、神道学者のうちには、「人は死んだら神になる」といった考え方に反対する人もいます。たとえば、西田長男・三橋健共著『神々の原影』（平河出版社）の中で、三

橋健氏がそのことを指摘しています。

三橋氏によりますと、神社に祀られている神々、すなわち祭神の多くは、次のようなプロセスを経て神として祀られるようになったというのです。そのプロセスは、
① 神が、
② 人間（多くは処女）の胎内を借りて、
③ 権《か》りに人間として生まれ（権現）、
④ 人間のもろもろの苦楽をなめて、
⑤ 死に（多くは罪なくして殺戮《さつりく》される）、
⑥ やがて神として蘇《よみがえ》り、
⑦ 衆生を救う身（神）となる、
というものです。

要するに、神が人間の姿になって人間世界に出現し、人間世界でさまざまな辛酸《しんさん》を嘗《な》めて、やがて神の世界に還って行く――といった図式です。人間が神になるのではなしに、神ははじめから神だというわけです。

その理屈は分からないわけではありません。菅原道真ははじめから神であったのが、人間の姿をとってこの世に現われ、政敵による讒言にあって無念のうちに死に、神の世界に

還り、学問の神に祀られた――ということになります。これはこれで説得力があります。

では、痔の神様が人間世界に出現し、痔で苦しんで死んで、再び神の世界に戻って痔の神様になる――というのでよいのでしょうか。それでよいとも言えますが、それじゃあ、あまりにも漫画的ですよね。

そこで、わたしはこう考えます。

普通の人は、死んでから三十二、三年もすれば神霊になります。この神霊は集合霊であって個性はありません。

それに対して、死んだあとで特異な個性をもった神になる人もいます。その人たちは生前にその特異なる個性を発揮したのですから、いわば生まれながらにその個性を持っていたわけです。ということは、生まれる前から神であったことになります。それが、神の世界からこの世に来現して、再び神の世界に還るという三橋説になります。

その意味では、二種類の神があることになります。

それから、靖国神社に祀られる神もあります。あの神は、戦死者の集合霊です。すなわち神霊。したがって個性はありません。

ところが、普通の人（戦死者は普通の人です）が集合霊（神霊）になるには、三十二、三年かかります。にもかかわらず戦死者は靖国神社に祀られたとたんに神霊になることになっています。なぜでしょうか？　わたしは、それは、天皇が霊を祀るからだと思います。戦前は天皇は現人神でした。その現人神が祀るからこそ、戦死者は神霊（英霊）になるのです。

だが、敗戦後は、昭和天皇みずからが自分は神ではなしに人間だと宣言しました。そうすると、靖国神社に祀られる意味がなくなります。靖国神社側は、このことをどう説明しているのでしょうか……？

6

悲しき妖怪たち

▼幽霊とお化けの違い

読者はお化けと幽霊の違いをご存じでしょうか？　お化けには足があるが、幽霊には足がない、などと言わないでください。三遊亭円朝（一八三九―一九〇〇）の怪談『牡丹燈籠』（岩波文庫）には、

陰々寂寞《せきばく》世間がしんとすると、いつもに変らず根津《ねづ》の清水の下《もと》から駒下駄の音高くカランコロン〳〵とする……。

と、音響効果つきでお露の幽霊を登場させています。足のない幽霊に駒下駄がはけるわけがありませんよね。

なるほど、江戸時代の画家の円山応挙（一七三三―一七九五）の描いた幽霊には足がありません。しかし、あれは、応挙が幽霊の軽量さを強調するために、下半身をぼかして描いたのだと思います。幽霊には足はあるけれども、あまりにも軽いので空中に浮かんでいる状態だと、応挙は言いたかったのです。

じつは、幽霊とお化けの違いは、幽霊はある特定の人について出現しますが、化け物のほうは特定の場所に出現します。それが違いです。

たとえば、安倍さんに恨み、辛《つら》みを残して死んだ人の幽霊は、安倍さんに用があるので、安倍さんがどこに行こうが、その行った所で安倍さんの前に出現します。そして、もしも安倍さんの隣に野田さんがいても、幽霊は野田さんに用がないから、野田さんには見えないのです。ただ安倍さんだけに見えます。

それに対してお化けは、川端の柳の下だとか、古井戸のそばといった、特定の場所に出現し、そこに行けば誰にでも見えます。けれども、その場所から離れると、化け物が追って来ることはありません。

これが化け物と幽霊の基本的な区別です。ところが最近の人々はあまりこの方面の知識

がないもので、ときに、

――高速道路の入口に出る幽霊――

といったことを言います。特定の場所に出るのであれば化け物なんですが、それを幽霊と言うのだから、まるで神道の知識がないのです。困りますね。

ところで、いまわたしは〝お化け〟〝化け物〟といった呼称を使いましたが、これはむしろ〝妖怪〟と呼んだほうがよいでしょう。それで、以下では〝妖怪〟と呼ぶことにします。そしてこの章では、わたしたちが幽霊や妖怪とどう付き合っていけばよいかを考えます。幽霊も妖怪も、日本の神道の大事なキャラクターなんだから、わたしたちは彼らと付き合わねばならないからです。

▼幽霊を退散させる方法

最初に、幽霊とどう付き合うか、です。

『葉隠《はがくれ》』というのは、江戸時代中期の武士道の書です。佐賀藩士の山本常朝の口述を筆録したものです。

その『葉隠』に、こんな話があります。ちょっと読みにくいかもしれませんが、原文を岩波文庫より引用します。あとで解説しますから、ここは読み飛ばしてもかまいません。

三の御丸にて密通仕り候者御僉議の上、男女共に御殺しなされ候。その後、幽靈夜毎御内に顕はれ申し候。御女中衆恐ろしがり、夜に入り候へば外へも出で申さず候。久しく斯様に候故、御前様へ御知らせ仕り候に付て、御祈禱、施餓鬼など仰せ付けられ候へども相止まず候故、直茂公へ仰せ上げられ候。公聞し召され、「さて〳〵嬉しき事哉。彼者共は首を切り候ても事足らず、憎くき者共にて候。然る處、死に候ても行き處へは行かず、迷ひ廻り候て幽靈になり、苦を受け浮び申さずは嬉しき事なり。成る程久しく幽靈になりて居り候へ。」と仰せられ候。その夜より幽靈出で申さず候由。

密通を働いた罪で男女が成敗されました。すると幽霊が出るようになって、女たちが恐ろしがり、外出できないありさま。ご祈禱や施餓鬼をしますが、効き目がありません。そこで藩祖の鍋島直茂公に申し上げました。

「さてさてうれしいことだ。あの二人は首を切ったぐらいでは許せない、憎っくき者どもである。ところが、死んでもあの世に往けず、迷いに迷って幽霊になり、苦しんでいるというのは、うれしいことではないか。まあ、ずっと幽霊のままでいてくれよ」

そう直茂公が言いました。

その夜から幽霊が出なくなりました。

こういう話です。なかなかいいでしょう。

幽霊というのは、わたしたちがそれに怯えるから、怯えた人間に出てくるものです。「幽霊の正体見たり枯れ尾花」と言いますが、怯えた人間には枯れ尾花が幽霊に見えるのです。冷静な目で見れば、それは枯れ尾花です。枯れ尾花はススキです。〝枯れ尾花〟といった名前を知らない人には、それはたんなるススキです。

ときどき、「幽霊なんていない」と言う人がいますが、わたしはそれは違うと思います。実際に幽霊に怯えている人には、幽霊が見えているので、幽霊は存在しているのです。見える人には見える、見えない人には見えないというのが、仏教の「空《くう》」の考え方です。「空」というのは、ものには実体がないということです。実体がないからこそ、人によって見え方が違ってくるのです。

そして、幽霊というのは、未だ成仏できない、迷いの霊です。〝成仏〟できないといえば仏教的になりますから、神道的にはあの世（黄泉の国）に行けずに迷っている死霊です。だから気の毒な存在です。直茂公は、

「そうか、おまえどもはまだ迷っているのか。いい気味じゃ。いつまでも迷っておれ」

と言ったのだから、幽霊にすれば侮辱されたようなものです。これじゃあ、出て来ても人々を脅かすことはできません。幽霊が出なくなるのは当然です。

▼幽霊と仲良くする

幽霊を退散させるために、わたしたちはよくご祈禱をします。しかし、それは最悪の方法とは言わないまでも、最善の方法ではありません。ご祈禱すればするほど、その人は幽霊に悩まされるでしょう。

だいぶ昔のことですが、わたしの知人がインチキ宗教の教団に引っ掛かりました。彼ら夫婦は小学校の教員でしたが、二人のあいだの中学生の子どもが非行に走ったのです。するとインチキ教団の信者が押し掛けて来て、

「あなたがたに邪霊がついているから、子どもが悪くなるのだ」

と言います。そのインチキ教団の信者は交替で押し掛けて来て、夜中の一時ごろまでねばります。二人は翌日の勤務があるので、もうへとへとです。それでその教団の教祖に除霊してもらうことになりました。「費用はいくらかかりますか？」と訊くと、「十万円」だそうです。それなら十万円を払って、毎夜の攻撃をやめてもらおうと考えたのです。

ところが、除霊してもらったあと、七十万円を請求されました。

「話が違う」と二人が捻《ね》じ込むと、教祖は、

「あなたがたに邪霊が七ついていた。一体十万円だから、七十万円になるのだ」

と解説したそうです。

まあ、こういうものです。わたしたちが気にするから、幽霊はますますのさばるのです。だから、気にしないのがいちばんいい方法です。

では、どうしたら気にしないでいられますか……？

でも、〈気にしないでおこう。気にしない、気にしない〉と考えて、一生懸命何かをやるのは、結局は気にしていることになります。気にしない方法を考えるのは愚策だと思います。

幽霊が見えたり、幽霊が気になる人は、むしろその幽霊ととことん付き合えばよいでしょう。わたしなどは幽霊は見えません。したがって気にしません。でも、見える人には見えるのですから、その見えた幽霊と仲良くしたほうがよいでしょう。

これは、あとでも貧乏神との付き合い方に関して述べるつもりですが、貧乏神に祟られたときには、貧乏神を退散させようとはせず、むしろ徹底的にその貧乏神と仲良くすればよいと思います。それと同じで、幽霊に祟られたときは、その幽霊と仲良くする。それがうまい方法だと思います。

誰であったか忘れましたが、ある文学者が耳鳴りで困りました。いくら医者の治療を受けても治りません。それで彼は、〈じゃあ、徹底して耳鳴りを聞いてやろう〉として、自分の耳鳴りに耳を傾けたそうです。すると耳鳴りが聞こえなくなった。そんなことを書いていました。

わたしたちが病気になれば、どうしても病気が気になります。いや病気とは、気になるから〝病気〟なんですね。しかし、いくら気にしても、それで病気が治るわけではありません。むしろ病気と仲良くすることを考えたほうがよいでしょう。

あの『葉隠』の鍋島直茂のやり方も、「いつまでも迷って幽霊のままでいておれよ」と言ったのですが、反対の意味では幽霊と仲良くしていることになります。それがいちばんうまい気にしない方法でしょう。

▼三本指の泥田坊

次は妖怪です。

妖怪にはいろいろあります。そもそも妖怪とは何か？　それは後回しにして、ひとつおもしろい妖怪を紹介します。

これは「泥田坊《どろたぼう》」という妖怪で、阿部正路著『日本の妖怪たち』（東京書籍）に出てきます。阿部氏は、これを江戸中期の浮世絵師の鳥山石燕（一七一四―一七八八）の『画図・百鬼夜行』によって解説しています。なお、鳥山石燕は、有名な喜多川歌麿の師です。

それは「泥田坊」とよばれているという。一生をかけて得た田地が、その死後、酒のみの子供によって人手にわたったことを知った北国の老翁は死後も死にきれず、目一つの妖怪として夜な夜なあらわれるというのである。貧しくしいたげられた人生ののち、死後もなお死にきれない妖怪として黒い姿であらわれるもの。これこそ民衆の怨念のかたちをなしたものだといえるだろう。その下半身はなお泥田に埋まったままであり、田をとりかえそうとしてあがく二本の手の指はすべて三本。人間の五本の指は、智恵と慈悲と瞋恚《しんい》と貧婪《ひんどん》と愚痴とを示すという。この二つの美徳と三つの悪とを同時にかねそなえているのが人間であり、人間は二つの美徳で三つの悪を必死でこらえている危い存在であるからこそ人間なのであって、その二つの美徳を失なえばもはや鬼であり、妖怪である。「泥田坊」は、もはや智恵と慈悲をも失なって、鬼と化しつつおのれの失なわれた田地を求めつづける。（強調は原著者）

阿部正路氏は、悪いのは「泥田坊」ではないとして、えらく「泥田坊」に同情しておられます。悪い奴は、「沢田坊」をそこまで追いやった、酒にふけったわが子だ。いや、わが子をそこまで追いやったものこそ妖怪だ。そのように息巻いておられます。だが、だとすると、競輪・競艇・パチンコといった博奕を公認している現行の社会体制が悪で、それを支えている政権党の政治家や警察官僚が妖怪だということになります。わたしは、それはそれで阿部氏に賛成します。

それはそうとして、おもしろいのは泥田坊は三本指だという指摘です。ただし、これは、妖怪についての話で、事故等によって指を二本失った人に対するあてこすりではありません。そこを勘違いしないでください。

人間の五本の指は、智恵と慈悲と瞋恚《しんい》と貪欲《どんよく》と愚痴を示します。阿部氏は〝貧婪《ひんどん》〟と書いておられますが、これは誤記だと思いますので、三毒の一つである〝貪欲〟に訂正しておきます。泥田坊の三本指は、人間が智恵と慈悲を失って、三毒（貪欲・瞋恚・愚癡）だけになったことを示しています。だから、彼は妖怪なのです。人間でなくなってしまったのです。

▼三種の神器

古来、神道では「三種の神器」をいいます。
――八咫鏡《やたのかがみ》・草薙剣《くさなぎのつるぎ》・八坂瓊曲玉《やさかにのまがたま》――がそれです。アマテラスオオミカミは、孫のニニギノミコトを高天原《たかまのはら》から葦原中国《あしはらのなかつくに》に天下らせる（これを天孫降臨といいます）ときに、この三種の神器を授けました。したがって、この三種の神器が、天皇家が日本国の正当なる統治者であることのシンボルとなるのです。

そして、この三種の神器について、南北朝時代の南朝の重臣であった北畠親房《きたばたけちかふさ》（一二九三―一三五四）が、『神皇正統記』の中で次のように解説しています。

此三種につきたる神勅は正く国をたもちますべき道なるべし。鏡は一物をたくはへず。私の心なくして、万象をてらすに是非善悪のすがたあらはれずと云《いう》ことなし。其《その》すがたにしたがひて感応するを徳とす。これ正直の本源なり。玉は柔和善順を徳とす。慈悲の本源也。剣は剛利決断を徳とす。智恵の本願なり。此の三徳を翕受《あわせうけ》ずしては、天下のをさまらんことまことにかたかるべし。

まず、鏡は「正直」を意味します。次に、玉は「慈悲」の象徴です。そして剣は「智恵」の象徴。北畠親房はそのように解釈しています。

さて、泥田坊が失ったのは、慈悲と智恵です。三種の神器からすれば、正直が欠けていますが、人間は六本指ではありませんから、これは仕方がありませんよね。ともかく泥田坊は慈悲と智恵を失って、貪《とん》・瞋《じん》・癡《ち》の三毒ばかりになってしまった。人間でなくなり、妖怪になってしまったのです。

然りとすれば、泥田坊が人間に戻るには、彼は慈悲と智恵を取り戻すよりほかありません。

いま、わたしたち日本人は、金・かね・カネばかりに執着し、あくせく・いらいら・がつがつと生きています。まるで泥田坊になっているのです。

そのわれわれが泥田坊といった妖怪から真の人間に戻るには、慈悲と智恵を取り戻すよりほかありません。泥田坊は、そのことをわたしたちに教えてくれています。わたしはそのように理解しています。

▼妖怪はおちぶれた神

さて、妖怪とは何でしょうか？

民俗学者の折口信夫（一八八七—一九五三）によると、日本における霊的存在を示す原初的な語は、〝タマ〟と呼ばれるもので、この「タマ」の善的な要素が「カミ」となり、逆に悪的な要素が「モノ」になるとしています。すなわち、

「カミ」↑（善化）―「タマ」―（悪化）↓「モノ」

となるわけです。〝物《もの》の怪《け》〟といった表現がそれを示しています。そして、善悪両方を兼ねたものが「オニ」です（『折口信夫全集』第三巻）。

この「モノ」は妖怪になると思われます。

とすると、「タマ」（悪魂）の善なる側面が「カミ」（神）となり、悪なる側面が「モノ」（妖怪）になるのです。

ところが、同じ民俗学者であっても、柳田国男は少し違います。彼は、神々への信仰の衰退が妖怪を生み出したと考えました。つまり、妖怪とは神々の零落した姿にほかなりません。昔は神として信仰されていたものが、おちぶれた結果妖怪となったのです。あるいは、はじめから神になる力がなく、あまり人々から崇敬の対象とならなかったものが妖怪の名で呼ばれます。

なお、妖怪のうち、化ける能力を持ったものが〝変化《へんげ》〟〝お化け〟と呼ばれています。

ともあれ妖怪は、神になれないおちぶれた存在です。彼らは、〈神になりたい、神になりたい〉と願っています。幽霊がそうです。彼らは〈早く成仏したい〉〈早く神霊になり

たい〉と願っているのです。そういう悲しき存在です。わたしがこの章のタイトルを、「悲しき妖怪たち」としたのは、この妖怪たちの悲願を考えたからです。

▼さまざまな妖怪たち

さて、日本にはいろんな妖怪が住んでいます。以下に、その主だった妖怪を紹介します。ただし、これはわたしの独断と偏見によって選びました。

＊座敷童子《ざしきわらし》

岩手県を中心に東北地方北部で信じられている妖怪です。ザシキボッコ、クラワラシなどの別称もあります。

おかっぱ頭の幼い子で、顔や髪が赤く、旧家の奥座敷に出現します。この座敷童子が住んでいるときはその家は繁栄し、これが去るとその家は没落すると信じられています。だとすると、座敷童子は福の神なんですね。

＊アマノジャク（天邪鬼）

現在でも、人の言うこと、することにいちいち逆らうひねくれ者を〝天邪鬼〟と呼びますが、民間説話では山中に住む妖怪とされます。神や人に反抗して意地が悪い嫌われ者です。

＊山姥《やまうば》

山に住む女の妖怪で、背が高く、長い髪をたらし、口は耳まで避けています。人をとって食おうとしますが、反面ではすぐ人に騙される愚か者の一面もあります。

＊天狗《てんぐ》

赤ら顔をして鼻が高く、翼を持って空中を自在に飛翔する妖怪です。手には羽うちわを持ち、修験者《しゅげんしゃ》もしくは僧の服装をして、山中や樹上に住むと信じられています。

平安時代には、名利をむさぼり、我執が強く、傲慢な僧が、天狗道と呼ばれる一種の魔界に死後転生すると信じられていました。しかし、中世以降の民間信仰では、天狗は人間に禍と福を授ける神霊とされるようになりました。

＊一つ目小僧

前に述べた泥田坊が一つ目の妖怪であったことを思い出してください。本来二つ目であるべきものが一つ目に変じているのですから、明らかに神がおちぶれて妖怪になったのです。一つ目小僧は衰退した神が妖怪になった姿にほかなりません。

では、なぜ一つ目になったか？　神が誤って落馬し、栗のいがや笹、松葉などで目を突いたためとする伝承が各地にあります。

＊雪女《ゆきおんな》

雪女郎ともいいます。雪の夜に出てくる妖怪です。もちろん、積雪地帯に分布する伝承です。

雪女に関する伝説では、吹雪の夜、子どもを抱いた女がやって来て、老夫婦にその子を預けて去って行きます。やがてその子が美しい娘に成長しますが、なぜか風呂に入ろうとしません。ある日、無理にすすめて風呂に入れたところ、その娘が溶けてしまった。そういう話が青森県にあります。山形県には、吹雪の晩に白い着物を着た美しい娘を泊めたところ、翌朝、それが黄金になっていたという伝説もあります。

ともあれ雪女は、山の神への信仰が衰退したものと考えられます。

＊海坊主

海の妖怪の一つで、海入道、海法師とも呼ばれます。したがって、これは基本的には男性ですが、地方によっては女に化けて出てくる所もあります。

海坊主は、時化《しけ》のときなどに現われる現象です。だから大入道の姿になって現われ、こちらが見上げるようにするとますます大きくなり、見下げるようにすると消えてしまうといいます。しかし、一説によると、海坊主は海で死んだ人の亡霊だと言われています。

＊船幽霊《ふなゆうれい》

〝幽霊船〟あるいは〝亡霊船〟ともいいます。日本ばかりでなく、世界の海洋国に広く伝わる俗信です。

海上遭難者の亡霊が、幻の船（幽霊船）に乗ってあちこちに流れて行くのが船幽霊です。もしもこの船幽霊に遭遇したときは、飯を投じると、船幽霊が消え去ります。あるいは船幽霊が杓子を貸してくれと言ってきます。その場合は、その杓子の底を抜いて貸さないといけません。そうでないと、こちらが水船にされてしまうからです。そんな俗信が伝えられています。

＊河童《かっぱ》

河童は、日本の妖怪のうちで最も有名であり、かつ最もユーモラスな存在だと思います。〝かっぱ〟は〝かはわらは〟の転じたものといい、地方によっては〝カワランベ〟〝ガタロウ〟〝カワコ〟と呼ばれます。そしてその形状も地方によって違いますが、一般的には童形で、頭の頂には水をたたえた皿があり、この皿の水が河童の生命の根源で、ここに水がなくなると河童は死んでしまうとされています。また髪型はいわゆるおかっぱ頭です。それから、その腕が変わっています。河童の腕は抜けやすいという説と、伸縮自在だという説があります。河童が馬を川へ引きずり込もうとして、逆に腕を失ったり、相撲に負けて腕を取られるといった伝承があります。あるいは左右の腕が繋《つな》がっており、強く引くと両手が抜けてしまいます。背には甲羅《こうら》があり、指のあいだには蛙のように水搔《か》きがあります。皮膚は赤色や青色で、湿り気を帯びています。

河童はいたずら者です。田畑を荒らしたり、馬を水の中に引き入れたりします。また、人間の尻から手を入れ、尻子玉《しりこだま》（肛門にあると想像された玉）や肝を取るともいいます。しかしその一方では、なかなか恩誼に厚く、田植えや草取りを手伝ってくれます。この河童は、水神もしくはそのお使いの零落した姿でしょう。

▼妖怪とどう付き合うか？

さて、われわれは、このような妖怪たちとどのように付き合えばよいのでしょうか？　阿部正路は、その著『日本の妖怪たち』の中で、次のように言っています。

　妖怪の行方を求めるのなら、結局のところ、私たちは、私たち自身の心の中に立ちもどらなければならないだろう。なぜなら、ほかならぬ私たち自身が〈妖怪〉そのものであるかもしれないのだから――。

わたしは、わたし自身が妖怪かもしれないという阿部氏の言葉に、「ずきん」ときました。

〈そうなんだ。わたしが妖怪なんだ〉

と気づかされました。

わたしは、泥田坊のように、慈悲と智恵を失って、貪・瞋・癡の三本指で生きています。あくせく・いらいら・がつがつと生きています。そのわたしが妖怪です。

わたしは天邪鬼です。ひねくれ者です。わたしが妖怪です。

わたしは一つ目小僧です。本当は慈悲の目、やさしい目で他人を見ないといけないのに、その片目は失って、他人に対する蔑みの目・嫉妬の目・憎しみの目の一つ目だけで見ています。だからわたしが妖怪なんです。

それゆえ、わたしは妖怪とどう付き合うのか、と考えてはいけません。わたしが妖怪なんだから、それじゃあ、わたしがわたしと付き合うことになります。そうじゃないのです。わたしは、自分が妖怪だという自覚をもって生きるべきです。

そして、神になろうとせねばなりません。

いったい、神になることはどういうことか？　それについてはのちに考察します。しかし、わたしは、できるだけ早く妖怪を卒業して、妖怪が目指していた神になろうとすべきです。わたしはいま、そんなふうに考えています。

7

福の神と貧乏神

▼幸福と不幸は裏合せ

江戸時代の後期、博多に仙厓義梵《せんがいぎぼん》（一七五〇―一八三七）という禅僧がいました。この人、もとは美濃国（岐阜県）に生まれたのですが、博多の聖福寺に迎えられたのです。書画をよくし、逸話の多い禅僧です。

人がやって来て、何かめでたい文句を書いてくれと揮毫を頼みます。「よし、よし」と仙厓は書きました。

祖死父死子死孫死

の八字です。その人は怒ります。「わたしはめでたい言葉を書いてくれと所望したのですよ。こんな縁起の悪い文句じゃ、どこにも懸けられませんよ」と。

するとと仙厓は言います。

「そんなことはあるまい。まず爺さんが死んで、そのあとで父親が死ぬ。父が死んでから子が死ぬ。そのあとで孫が死ぬ。こんなめでたいことはあるまいぞ。この順番が一つでも狂えば、どれだけ人は悲しみの涙を流さねばならないか、よく考えなさい」

これを聞いてその人は喜び、その墨蹟を大事に持ち帰りました。

また、仙厓和尚がある檀家の新築祝いに招かれたときです。その家の主人から仙厓は一筆を所望されます。仙厓は快諾して、筆を取ってさらさらと書きました。

ぐるりっと家を取り巻く貧乏神

主人はこれを見て、

「何です、この句は?!　縁起でもない」

と、むっとした顔をしました。だが、にこにこしながら和尚は言いました。

「まあ、まあ、そう怒りなさんな。いま、下の句を書いてやるから……」
と、それに一行を書き加えました。

七福神は外へ出られず

いい話ですね。わたしはこの二つを、禅文化研究所刊行の『禅門逸話集成』から取材しました。

仙厓は、幸福と不幸が裏合せになっていることをよく知っていたのです。死は悲しみの出来事です。けれども、わたしたちはその死を避けることはできません。人は死なねばならないのです。ならば、祖父─父親─子─孫の順に死ぬ。そこに幸福があります。仙厓はそのことを人々に教えたのです。なかなか偉い禅僧です。

▼「福は外！　鬼は内！」

わたしは本書を、吉祥天と黒闇天という、『涅槃経』の話から書き始めました。吉祥天は福の神で、黒闇天は貧乏神です。しかし、これは仏教に特化した話です。いま述べた仙厓の逸話も、仏教の話です。そこでわれわれはもう一度、福の神と貧乏神を、神道のほうから考察することにします。

まず貧乏神です。神道では、貧乏神はどういう神様でしょうか？

百科事典（『日本大百科全書』）はこう解説しています。

《**貧乏神**　家に居着いてその家を貧乏にさせるという神。近世の随筆類から現れ始めた都市的な俗信である。乞食《こじき》坊主のようなしょぼくれた姿をしており、顔は青黒く、目は落ち込んで、体はやせているという。渋うちわに貧乏神がつくとか、貧乏神は焼きみそのにおいを好むとか、いろりの火種を絶やすと貧乏神が出るなどの俗信があり、焼きみそを川に流して貧乏神を送り出す作法もある。〈井之口章次〉》

なかなかおもしろい神様ですね。しかし、前にも述べましたが、貧乏神を家の外に送り出すというのはどうでしょうか……。むしろ貧乏神を鄭重に持て成したほうがよいのではありませんか。

ここで、ちょっと脱線します。

われわれは、立春の前日、節分の夜に豆まきをします。これも神道の行事で、〝追儺《ついな》〟あるいは〝鬼やらい〟と呼ばれ、古い時代には宮中で行なわれていました。ところが江戸時代になって、それが宮中では廃止になり、反対に庶民のあいだでひろがったのです。

豆まきの言葉は、普通は、

「鬼は外！　福は内！」

です。それなのに、昔、子どもたちが小さかったころ、わたしはふざけて、

「福は外！　鬼は内！」

とやりました。すると子供たちから猛烈に抗議されました。でも、わたしは負けずに屁理屈でやり返しました。

「いいかい、幸福というものは、わが家だけで独占してはいけない。だから福の神が外に出て行って、近所の人たちを幸せにしてあげてほしいんだ。だから、『福は外』と言ったんだよ」

「でも、それでも、『鬼は内』はおかしいよ。鬼がやって来て、ぼくたちが鬼にいじめられてもいいの……？」

わが家の子どもたちも、なかなかの理屈屋です。

「お父さんは仏教を勉強している。だから鬼がやって来ても、お父さんはその鬼を改悛させて、きみたちをいじめないようにしてあげる。だから大丈夫だよ」

子どもたちは、いちおうそれで納得したようです。

ところが、わたしがふざけてやった「福は外！　鬼は内！」ですが、調べてみると、東京の亀戸天神《かめいどてんじん》では、

「鬼は外！」

だけを言って、「福は内！」は言いません。なぜかといえば、神道のお祓《はら》いといったものは、よくないことだけを身の回りから追放すればいいわけで、悪を追放した上になおかつ福を招こうというのは、あまりにも虫がよすぎるからです。わたしはこれが、神道の本来の精神だと思います。

その反対が、千葉県の成田山新勝寺《なりたさんしんしょうじ》（真言宗）です。ここでは、

「福は内！」

だけを連呼して、「鬼は外！」は言いません。また、栃木県の日光山輪王寺《にっこうさんりんのうじ》（天台宗）も、しばらく前まではそうでした。仏教的には、悪事をする鬼なんていなくて、みんな福だという考えに立脚しています。

この仏教の思想をもう少し闡明《せんめい》にしますと、

「福は内！　鬼も内！」

になります。奈良県吉野山《よしのやま》の金峯山寺蔵王堂《きんぷせんじざおうどう》がそうで、ここでは鬼を集めてお経の力でもって改悛させる、と言っています。だから「鬼も内！」と、積極的に鬼を招くのです。わたしの言ったことと同じですね。

それから、東京の雑司ヶ谷《ぞうしがや》の鬼子母神《きしもじん》では、

「鬼は内！　福は内！」
と連呼します。だって、ここに祀られている祭神の鬼子母神は鬼ですから、「鬼は外！」とやれば祭神は逃げて行きますよ。そこでまず「鬼は内！」と言うわけです。

▼貧乏神イコール福の神

それでは貧乏神に話を戻します。

『広文庫』には、七ページ以上の貧乏神に関する解説がありました。『広文庫』は大正五年（一九二八）に刊行された、物集高見《もずめたかみ》編による百科史料事典です。少し引用します。

『広文庫』は変体仮名が使われ、ルビはほとんどありませんが、読者のためにルビをつけて読みやすくしました。

《見るに年の齢《よわい》は四十あまりなるべし、面《つら》は青く又黒く、眼《まなこ》深くして世にいふ《（言う）》鉄壺《かなつぼ》〔くぼんで丸い眼〕めきたるが、頤《おとがい》〔下あご〕尖《とが》りていと痩《やせ》たり、身には溷鼠染《ドブネズミゾメ》とかいふ栲《タエ》〔カジノキなどの繊維で織った布〕の単衣《ひとえ》のふり《（古）》たる褄《ツマ》にさみして〔褄《つま》をとって〕、頭には白菅《しろすげ》の笠を戴《いただ》き、頂《うなじ》には頭陀袋《ずだぶくろ》を掛たり》（曲亭雑記）

これは貧乏神の姿を描写したものです。

次は、貧乏神の家族です。

《さるをかしき《（おかしい）》人、今日貧乏神にまゐりあひたるが〔お参りして会ったが〕、正しく貧乏神は、子を五人持給ふ……其の子どもの名、まづ惣領《そうりょう》〔長男〕を僭上《せんじょう》〔見えを張る〕太郎、遊山の次郎、博奕《ばくち》の三郎、朝寝の四郎、慳貪《けんどん》五郎とかたられし也《なり》》（近世文芸叢書）

貧乏神には五人の息子がいます。見えっ張りの長男、遊楽好きの次男、三男は博奕好き、四男は朝寝好き、五男はしみったれです。

もう一つ、『広文庫』から引用します。

《此の勘三郎は貧乏神を祭りて富貴となれり、其の神像は藁《わら》にて作り、神を以て冠《かんむり》、衣服とし、旦暮《たんぼ》〔朝に夕に〕これを祈りしと云へり、按《あんずるに》〔考えてみると〕是《こ》れ則《すなわち》福神なり、金銀の箔《はく》にて作るを藁にこしらへ、錦繍《きんしゅう》〔錦《にしき》と刺繍《ししゅう》を施した織物〕をおいかざる所を紙にす、謙《へりくだ》りて驕《おご》らぬいましめなり》（近代世事談）

勘三郎という男が、藁で貧乏神の神像を作り、朝に夕に拝んでいたが、その結果金持ちになりました。とすると、貧乏神イコール福の神ではないか、と言っています。この指摘は正しいと思います。

じつは、日本の神様には二面性があります。スサノオノミコトだって、高天原側から見れば乱暴者、出雲側から見れば立派な総括者です。だから、表から見れば福の神、それを裏から見れば貧乏神になるのです。1章で紹介した（一四ページ参照）、貧乏神を祀った旗本の話も、この勘三郎と同じです。貧乏神こそ福の神だと考えるところに、貧乏神とうまく付き合う秘訣があると思います。

▼貧乏神の拝み方

宮田登『江戸の小さな神々』（青土社）にも、貧乏神が詳しく紹介されています。そこから少し引用します。

《顔つきは青黒く、金壺眼《かなつぼまなこ》で、顎はとんがってやせており、ねずみ色の古びた単衣《ひとえ》を着て、頭に白菅《しろすげ》の笠、頭陀袋《ずだぶくろ》を道から吊り下げた姿で巷をさまよい、これはと思う人や家にとり憑くのだと信じられたりする》

これは『広文庫』が引用する『曲亭雑記』の記述と一致します。

《貧乏神についての神道家の解釈は、食渇《しょくげ》神・貪欲神・障礙《しょうがい》神の三神の総称という。食渇神はつねに食物に乏しく、また口に賤しく、日夜酒食を求めむさぼる神である。貪欲神とは、金銀財宝を貯え、なんの不足はないのだけれど、ただむさぼり求め蔵に財宝がありあまっても、貪欲さを止めない神である。障礙神とは、別に過不足なく暮らしていながら、たまたま立身出世の機会が向いてきても、そこで思いもよらない妨げをする神だという。三者をそろえて貧乏神という》

これは、いわば貧乏神の定義というべきものです。

結局、われわれは貧乏が〈いやだ、いやだ〉と思っているから、貧乏神に祟られるのです。

自分はいま年収が五百万円だ。これじゃあ貧乏だ。せめて八百万円の年収が欲しい。あなたにそう思わせるのが貧乏神です。でも、かりにあなたが年収八百万円になっても、あなたは幸福になれません。〈そりゃあね、かつては八百万を目指していた。だが、いまじゃ八百万円ではダメだ。やはり一千万円、いや一千五百万の年収が欲しい〉と、貧乏神はあなたがそう考えるように誘導します。あなたはいつまでも貧乏神に祟られ続けます。かりにあなたが年収五百万円だとして、ではどうすればあなたは幸せになれるでしょうか?

簡単です。あなたは貧乏神を拝めばいいのです。

「貧乏神様、わたしは貧乏だけれども、ただ貧乏なだけで、それ以上の災厄はありません。これも貧乏神様、あなたがわたしを守ってくださっているのですね。ありがとうございます。感謝を申し上げます」

あなたは、そう言って貧乏神を拝めばよい。そうすると、貧乏神イコール福の神になります。それが神道の考え方です。

▼七福神信仰

では次に、福の神に登場してもらいましょう。

庶民のあいだで人気のあるのは、なんと言っても「七福神」です。

七福神信仰は室町時代に始まったそうですが、それが庶民のあいだにすっかり根をおろしたのは、江戸時代でしょう。

では、七福神に誰と誰を選ぶか、その人選——いや、神選ですね——は一定しません。

最も一般的な「神選」は、次の七神です。

1　大黒天《だいこくてん》
2　夷《えびす》（あるいは恵比須とも）
3　毘沙門天《びしゃもんてん》（別名、多聞天《たもんてん》）
4　弁才天《べんざいてん》（あるいは弁財天と表記）
5　福禄寿《ふくろくじゅ》
6　寿老人《じゅろうじん》
7　布袋《ほてい》

このような「神選」が確定したのは、江戸時代も後期になってからのようです。前期のころは、寿老人が除かれて、そこに猩々《しょうじょう》が加えられていました。なぜ寿老人がオミット

（除外）されたかといえば、じつは寿老人と福禄寿が同体異名の神だからです。

つまり、江戸時代の前期には、七福神の中に猩々がいたのが、後期になるとそれが寿老人に代わったのです。しかし、寿老人と福禄寿が同じ神だとすると、その重複が気になります。そこで寿老人の代りに吉祥天を加えることもあります。個々のメンバーについては、すぐあとで解説します。

次に問題は、なぜ「七」福神なのか、ということです。五福神、六福神、八福神、九福神でもかまいません。それなのに「七」に固定された理由は何でしょうか？

わたしは、「七」がなんとなくラッキー・ナンバーだと思われたから、といった説明でよいと思います。しかし、学者は悪い癖でこじつけ解釈をしたがるものですから、七福神の成立は、『仁王護国般若波羅蜜経《にんのうごこくはんにゃはらみつきょう》』（受持品）にある「七難七福」にもとづくとします。すなわち同経には、

南閻浮提《なんえんぶだい》（＝人間の住む島）に十六大国・五百中国・十千小国あり、その国土の中にも受難あり。一切の国王、この難の為故《ためゆえ》に、般若波羅蜜《はんにゃはらみつ》を講読すれば、七難則《たちま》ち滅し、七福則《たちま》ち生じ、万姓《よろずひと》安楽となり、帝王歓喜せり。

とあります。しかし、ここでは、「七難七福」が何であるか、具体的には説かれていません。

「七難」といえば、『観音経』が具体的に示しています。

1　火難。
2　水難。
3　風難。
4　刀杖《とうじょう》の難。
5　鬼難。
6　枷鎖《かさ》の難（〝枷〟はくびかせ。〝鎖〟はくさり。罪人となって、自由を奪われる難）。
7　怨賊《おんぞく》の難。

この「七難」が七福神信仰を成立させたとするのですが、わたしにはこじつけとしか思えません。

▼七福神の霊験

天海（一五三六―一六四三）によりますと、七福神の霊験は次の通りです。

大量布袋、精神大黒、威光多聞、長命寿老、人望福禄、愛敬《あいぎょう》弁財、律義（律儀）恵比須。

これには異説があって、天海の語は次のようであったともいいます。

寿命寿老、有福恵比須、人望福禄、清廉大黒、愛敬弁財、威光多聞、大量布袋。

違いは、恵比須と大黒だけです。

天海は、江戸初期の天台宗の僧です。徳川家康に仕えて信任厚く、日光山を再興し、また江戸の上野に寛永寺《かんえいじ》を開きました。ちょっと彼の生没年を見てください。百八歳まで生きたとされています。これだけ長命だと、十分に福の神を語る資格を持っています。ただし、彼が百八歳まで生きたかどうか、怪しいものだと言う学者もいます。

いま、七福神について述べられた語は、天海が徳川家康の諮問に答えたものだといわれています。けれども、これはたぶん天海の言葉ではありません。ずっと後世の人々が、天海に仮託してつくったものだと思われます。なぜなら、天海の時代だと、七福神には寿老人のかわりに猩々が入っていたはずです。猩々ではなく寿老人が入っているのですから、これは江戸時代の後期の七福神になります。

▼七福神の戸籍調べ

美術評論家の天心・岡倉覚三（一八六二―一九一三）は、その著『東洋の理想』の中で、

　日本はアジア文明の博物館である。

と言っています。日本には、仏教、儒教、道教、それにキリスト教まで、世界の諸宗教と伝統が流れ込んで来ています。しかも、それらがいつの間にかみごとに日本化され、そして平和的に共存しています。こんな国は、ほかにちょっと見当りません。まさに日本は文明の博物館です。

そして、その象徴が七福神です。七福神の出身地は多種多様です。そんなバラエティーに富んだ福徳の神様が七人、一つの宝船に乗り合わせています。これが日本の神々の象徴的な姿だと、わたしは感心しています。

以下に、七福神の戸籍調べをやりましょう。いちおうアイウエオ順にしました。

＊恵比須《えびす》・恵比寿《えびす》・夷《えびす》・戎《えびす》・蛭子《えびす》

恵比須神は、狩衣《かりぎぬ》に風折烏帽子《かざおれえぼし》をつけ、右手に釣竿《つりざお》、左手に鯛《たい》を持った姿で描かれています。したがって、明らかに海辺の漁民の信仰する神様です。

この神の国籍は日本。いちおうそうしておきますが、この神には、〝夷〟〝戎〟の字があてられ、それが暗示しているように異邦人である可能性もあります。

4章で、イザナギノミコトとイザナミノミコトのあいだに生まれたヒルコノミコトといった神を紹介しました（七二〜七三ページ参照）。ヒルコは身障者であったので、葦の葉舟に乗せて流されます。それが摂津国西宮の浦に漂流し、そこで祀られて恵比須神となりました。この話の中に、恵比須神が漂流神であることが暗示されています。なおヒルコは〝蛭子〟と書きますが、この〝蛭子〟は〝えびす〟とも読まれます。ヒルコノミコトが恵比須神なのです。

だとすると恵比須神は、どこかの国からやって来た難民が、日本国籍を取得したのかもしれません。宮本袈裟雄編『福神信仰』（雄山閣）によりますと、水死体を〝エビス様〟と呼んで祀る地方もあるそうです。これなども恵比須＝難民説の傍証になるでしょう。

ともあれ、起源的には恵比須は漁師の神です。漁民たちは、恵比須様に大漁を祈りました。そのうちに、海産物の売買といったところから市《いち》の神となり、商売繁昌の神として、広く商家の人たちに信仰されるようになったのです。その結果、恵比須は福徳をもたらす福の神になりました。

現在、関西では、一月十日を「十日戎《とおかえびす》」といって、大阪市の今宮戎《いまみやえびす》神社、兵庫県西宮《にしのみや》市の西宮神社などへ、多数の参拝人が招福を祈って押しかけます。また、これは農家ですが、旧暦の一月二十日と十月二十日に、豊作の祈願と感謝の「えびす講」を行なうところもあります。

＊吉祥天

〝きちじょうてん〟あるいは〝きっしょうてん〟とも読みます。インドのヒンドゥー教の神話の女神＝ラクシュミーが仏教に取り入れられたもので、もちろん国籍はインドです。ラクシュミーは美と繁栄の女神です。ヒンドゥー教ではヴィシュヌ神の妃とされますが、仏教では毘沙門天《びしゃもんてん》の妃とされます。毘沙門天は七福神の一人に数えられます。だとすれば毘沙門天・吉祥天は夫婦で七福神に参加しているわけで、ちょっと厚かましいですね。独り者の弁天様がひがむのも無理はありません。また、吉祥天の母は鬼子母神《きしもじん》とされています。

ここでちょっと鬼子母神について触れておきます。この女神はサンスクリット語で

〝ハーリーティー〟といい、〝訶梨帝《かりてい》〟〝呵利底《かりてい》〟と呼ばれます。五百人（千人あるいは一万人とする伝承もあります）の子の母で、はじめは邪神で、インドの王舎城の町で多くの幼児を奪い、食い殺していました。しかし、釈迦に教化されて改悛し、のちには育児の守護神になりました。

それから、この吉祥天の妹が黒闇天《こくあんてん》であることはすでに述べています。黒闇天は不吉・災いの女神で、二人は常に行動をともにします。何度も言いますが、幸福と不幸がワンセットになっているところがおもしろいですね。

なお吉祥天は、唐服を着て、手に如意宝珠を持った貴女の姿で描かれています。

＊寿老人

寿老人と福禄寿は同体異名の神です。国籍は中国。同体異名の神ですが、二人をともに七福神に加えるときには、区別のため、福禄寿は短身、長頭で、長いひげを描き、杖を携え、鶴を従えています。一方、寿老人は、杖を持っているのは同じですが、頭に被り物をし、手にうちわを持ち、鹿を従えています。

＊猩々

猩々は、古代中国の想像上の動物です。動物に国籍があるわけではありませんが、強いて国籍を云々《うんぬん》するとすれば、中国籍になります。

猩々は交趾《こうし》（インドシナのトンキン・ハノイ地方の古名）の熱帯の国に住んでおり、人面人足、長髪で、その毛は黄色、声は小児のごとく、また犬のほえるがごとし、よく人語を解し、とくに酒を好む——とされています。ボルネオやスマトラ島に棲むオランウータンの和名が〝猩々〟ですが、たぶん昔の中国人はオランウータンから猩々といった想像上の動物をつくりあげたのでしょう。ただし、中国で黄毛とされる猩々が、わが国に入って来ると赤面赤色の動物に変わっています。

伝えられている猩々の捕獲法がおもしろいですね。

猩々は海に棲むとされ、また無類の酒好きです。そこで海岸に柄杓をそえた酒樽を置き、その周囲の草を生えたまま靴の形に編みます。すると猩々が酒の匂いにつられて、酒樽の周りに集まります。

そして、猩々が言います。

「諸君！　われわれの先輩たちは、この酒を飲んで酔っ払い、人間どもに捕獲された。だから酒を飲んではならない」

「そうだ、そうだ」

「しかしながら、飲んではならないが、指につけて舐めるだけならいいだろう」

「そうだ、そうだ」

そこで全員が指でもって酒を舐めます。そのうちに、こう言います。

「酒を飲んで酔っ払うのはいけないが、柄杓で一杯を飲む程度であればかまわないだろう」

「そうだ、そうだ」

すると、みんながよい気分になります。

「諸君！　われわれの先輩は、酔っ払って踊り始めたもので、人間どもに捕まったのだ。われわれは酔っ払っても、踊り出さねばいいのである」

「そうだ、そうだ」

「諸君！　ここに編まれた靴に、ただ足を入れるぐらいはなんともない。足を入れて、じっとしていればいいのだ」

「そうだ、そうだ」

「しかし、こうしてじっとしていてもつまらない。ともかく踊らなければいいのだ。たった一歩だけ、足を揚げるぐらいはいいだろう」

「そうだ、そうだ」

ということで、全員が「せーの」で一歩だけ足を動かそうとします。しかし、その靴は地面に固定されていますから、全員が引っ繰り返ります。

そこを、待機していた人間が襲って、猩々を生け捕りにするのです。

教訓！　最初の一杯の酒を飲まなければよいのです。古人が言っています。一杯目は、人が酒を飲む。二杯目は、酒が酒を飲む。そして三杯目は、酒が人を飲む、と。

どんな悪事も、ほんの小さなことから始まります。そして、わたしたちは、小さな悪事に手を染めないでいられるだけの力を持っています。そこを我慢すればいいのです。それが猩々から学ぶべきことです。

でも、それにしても、なぜこのような猩々が七福神に加えられたのか、よく分かりません。ひょっとしたら、猩々は酒好きだという、それだけの理由かもしれません。なにせわが国の神様は無類の酒好きですから……。

＊大黒天

大きな袋を肩にかけ、右手に打出の小槌《こづち》を持ち、そして米俵の上に立っておられる大黒様。その顔はにこにこと笑っておられます。誰がどう見ても、これは福の神です。

ところが、この大黒天のルーツをたどりますと、不吉きわまる「死の神」のイメージが浮かび出てきます。なぜでしょうか?

起源的には大黒天はインドの神で、その名を〝マハーカーラ〟といいます。〝マハー〟は「大」、〝カーラ〟は「黒」ですから、これは文字通りに「大黒」です。その音訳語は〝摩訶迦羅《まかから》〟です。

この〝マハーカーラ〟という神名は、ヒンドゥー教の三大神の一つ、シヴァ神の別名なんです。シヴァ神は破壊神であり、死の神です。

大昔のことですが、日本のテレビ局がクイズ番組の制作のためインドに行きました。わたしが作成したクイズ問題を撮影するためです。わたしは、「日本の大黒様のルーツはインドのシヴァ神である」といった問題を作ったのですが、現地で、

「シヴァ神の別名は〝マハーカーラ〟で、〝マハー〟は〈大〉、〝カーラ〟は〈黒〉だ」

とアナウンサーが解説したところ、日本語の分かるインド人が、

「ノー、ノー。〝カーラ〟は〈黒〉じゃない。〈時間〉の意味だ」

と激しく抗議をしたそうです。帰国した取材班が、

「先生、大丈夫ですか? インドの人たちは、〝カーラ〟は〈黒〉じゃないと言っていましたよ」

と、不安げにわたしに言います。わたしは苦笑せざるを得ませんでした。

たしかに〝カーラ〟には、「時間」の意味があります。シヴァ神は先ほど述べたように破壊神であり、死の神です。つまり、時間の彼方には破壊・死があるからです。したがってシヴァ神を論ずるときは、〝カーラ〟を「時間」と解したほうがよいでしょう。けれども、〝カーラ〟には「暗青色の」「黒き」といった意味もあります。そして、シヴァ神の妃にはマハーカーリーと呼ばれる女神がいます。これは黒き女神です。この妃のイメージがシヴァ神に投影されて、漢訳仏典の翻訳者たちは〝マハーカーラ〟を〝大黒〟と訳したのです。だから、インド人の主張も正しいし、わたしの言うこともまちがってはいないのです。

ともあれ、大黒天のルーツであるシヴァ神は、「大いなる死の神」「破壊の神」です。けれども、わたしたちは「死」を嫌ってはならないのです。『新約聖書』の中で、イエスが言っています。

「人の子が栄光を受ける時が来た。はっきり言っておく。一粒の麦は、地に落ちて死ななければ、一粒のままである。だが、死ねば、多くの実を結ぶ」(「ヨハネによる福音書」12)

シヴァ神は破壊神ですが、破壊のあとには再建があるのです。旧《ふる》いものが壊されなければ、新しい立派なものは生まれません。そう考えて、インド人は破壊と死の神であるシヴァ神を崇拝するのです。そこにインド人の哲学的な叡智《えいち》があります。

でも、それにしてもおもしろいものですね。破壊と死の神が日本に来て福の神となるのですから。そうなったいきさつは、インドの仏教寺院において、厨房《ちゆうぼう》にマハーカーラ（大黒天）が祀られていたからだそうです。七世紀にインドを旅した中国僧の義浄《ぎじよう》が、その著『南海寄帰内法伝』の中でそのように報告しています。それが中国に伝わり、そして日本にも伝わって来たのです。つまり、大黒天は、仏教の寺院における台所の神様でした。だから日本では、僧侶の妻を〝だいこく〟と呼ぶようになりました。

なお、打出の小槌を持ち、米俵の上に立つ大黒様のイメージは、オオクニヌシノミコトが投影されています。なぜかといえば、〝大黒《だいこく》〟は〝大国《だいこく》〟に通じ、そして〝大国〟が〝おおくに〟と発音されるからです。この点からすれば、大黒天は純粋のインド人ではなく、ハーフかもしれません。

だが、大黒天と大国主命（オオクニヌシノミコト）との習合は、たんなる音の類似だけではなさそうです。それは前にも書きましたが、オオクニヌシにも死の神のイメージがあるからです。兄神の八十神にいじめられて、焼き殺され、そのあと復活します。その意味では、大黒天とオオクニヌシは、合体すべくして合体したのです。でも、昔の人は、そこまで知っていたのでしょうか……？

＊毘沙門天・多聞天

毘沙門天には〝多聞天〟の異名もあります。ヒンドゥー教の財宝の神であるクベーラがその起源です。

仏教神話だと、須弥山の中腹にいる四天王のうち、北方を守護する神とされます。東方は持国天、南方は増長《ぞうじょう》天、西方は広目天の分担です。この四天王は、須弥山の頂上の忉《とう》利天《りてん》にいる帝釈天《たいしゃくてん》の配下です。

毘沙門天は仏法護持・怨敵降伏・致富成功の神で、七福神に加えられる要素は十分にあります。その妻は吉祥天です。もうすでに平安時代から、毘沙門天と吉祥天は結びつけられています。

もちろん、国籍はインドです。

＊福禄寿・南極老人

福禄寿の国籍は中国。中国の民間信仰の神で、南極星の化身といいます。それゆえ〝南極老人〟の別称があります。あかざの杖を手にし、鶴と亀を従えた仙人です。

一説によると、この福禄寿は、実在のモデルをもとにつくられた仙人だといいます。北宋の嘉祐年間（一〇五六―一〇六三）にいた道士が、そのモデルだとされます。

もう一説では、この福禄寿は、文字通り「福」と「禄」（天から与えられる好運）と「寿」を組み合わせ、それにめでたい「鶴」と「亀」を配した神様です。

福禄寿は、人間の寿命を管理する神です。七福神の他の神々がいくら物質的なご利益をわたしたちに授けてくれても、なにはともあれわたしたちが生きていないと、その幸福を享受できません。その意味で、長寿の願いこそが幸福の基本です。でも、最近は、痴呆症が心配になります。果たして長生きすることが幸福になるでしょうか……。

それから、寿老人がこの福禄寿と同体異名の神だということは、すでに述べた通りです。しかし、寿老人のほうは、智恵の神様とされています。人間、長生きすれば、智恵がつくからです。いわゆる「亀の甲より年の功」ですね。

＊弁才天・弁財天・弁天
インド神話の河川神であるサラスヴァティー女神が、仏教とともに日本にやって来て弁才天になりました。インドのヒンドゥー教では、サラスヴァティーは音楽や弁才、智恵を

つかさどる女神です。だから弁才天は琵琶《びわ》を弾いておられます。それから海や湖、川のそばに祀られています。河川神であることを示しています。

ところが、いつのまにか弁才天が、福徳を授け、財物を与えてくれる弁財天に変わってしまいました。学芸だとか弁舌といった、あまり金儲けの役に立たないものを授けてもらってもなんにもならん。それよりは即物的なご利益を授けてほしい、といった日本人の願望が、この女神を変貌させたのでしょうか。この変貌は、出版社でいえば編集部から営業部への異動になるでしょう。

この弁才天から弁財天への変貌は、日本人が昔から経済的利益ばかりを追いかける民族であったためと考えられます。しかし、それではあまりにも気の毒なので（それに昔の日本人はそれほど物欲的ではなかったと思われるので）、わたしはそれを弁才天と吉祥天との混同によるものと思います。吉祥天は、すでに述べたようにインドの女神のラクシュミーです。これは財富の神です。そして吉祥天も弁才天も美人の神様なので、鎌倉から室町時代にかけての庶民はこの二神を正確に区別できず、弁才天までも財富の神にしてしまったのではないか。そう考えることもできます。わたしはこの説を支持します。

しかし、こうしていったん弁才天を弁財天にしてしまうと、庶民はますますこの女神を人気者にします。そして、さまざまな粉飾をほどこします。

その点で有名なのは、鎌倉の銭洗《ぜにあらい》弁天です。正式には銭洗宇賀福神社《ぜにあらいうがふくじんじゃ》。境内の岩窟に「銭洗水」があり、この水で銭を洗うと金運に恵まれるといった伝説があります。でも、わたしの知人がここで銭を洗って、帰途に財布をスリにすられました。銭は増えても札はなくなるのですね。そういう悪口は言わないでおきます。あれれ、もう書いちゃった。

なお、日本の「三弁天」とされるのは、

安芸《あき》の宮島の弁天、

琵琶湖《びわこ》の竹生島《ちくぶ》の弁天、

相模《さがみ》の江の島の弁天、

です。

それから、弁天様にアベックでお参りすると、弁天様が焼餅を焼いて、二人は別れることになるそうです。誰です、邪恋を清算するために、彼女（あるいは彼）と一緒に弁天様にお参りしよう……と言っている人は?! そうすると、逆に腐れ縁になるかもしれませんよ。ふざけて神様を利用しようとしてはいけません。このことは、またあとで言及することにします。

＊布袋

肥満体で腹がふくれあがっていて、大黒さんと同じく大きな布袋をかついでいる神様。それが布袋《ほてい》さんです。でも、布袋さんはサンタクロースではありません。サンタクロースがかつぐ袋の中には、子どもたちへのプレゼントが入っていますが、布袋のかつぐ布袋の中には生活必需品が入っています。

だが、サンタクロースと布袋とのあいだには類似点もあります。サンタクロースは、四、五世紀に小アジア南西部にいたニコラウス司教といった歴史上の人物をモデルにしたものですが、布袋のほうも、本名を〝契此《かいし》〟という、中国、後梁《こうりょう》のころの和尚で、貞明二年（九一六）三月、奉化県の岳林寺に没したとされています。どちらもれっきとした歴史的人物です。〝布袋さん〟というのは、彼のニックネームでした。

布袋和尚は、ものごとにこだわらぬ、おおらかな人物でした。彼は布施を受ければ、平気で魚肉を食べたと伝えられています。でも、僧侶の肉食が禁じられているのは中国や日本であって、インドの僧たちは肉食をしています。釈迦世尊が最後に召し上がったものは豚肉料理であったという説があるくらいです。むしろ出家者は、供養されたものはなんだって食べねばなりません。そうでないと、布施する者の功徳がなくなってしまいます。だから布袋和尚が魚肉を平気で食べたということが、彼のこだわりのなさを示す材料になるのも、それが中国の話だからです。インドにおいては、それがあたりまえです。

しかし、布袋和尚は、本当にこだわりのない人であったようです。疲れたときは、この人は平気で雪の上にごろりと横になった。だが、雪はこの人のからだをぬらすことがなかった。そんな話が伝えられています。

それから、布袋は、吉凶の判断にすぐれ、未来を予知する能力があったとされています。布袋さんが七福神の一人に選ばれたのも、そんな予知能力が買われたからでしょう。だって、未来が予知できることは、金儲けのための第一の要件です。正確に未来を予測できる人が、ビジネスの世界で成功できるのです。

では、未来を予知できる能力は、どうしたら得られるでしょうか？　わたしにはよく分かりませんが、おそらく布袋さんの、

――あまりものごとにこだわらない性格――

が、それに関係するかもしれません。われわれが些末なことにこだわっていると、あんがい未来を見誤るものです。やはりこだわらないことが大事です。でも、わたしたちは、「こだわらない、こだわらない」と呪文のように唱えながら、その「こだわらないこと」にこだわってしまうのではないでしょうか。

それから仏教では、布袋さんは弥勒菩薩《みろくぼさつ》の化身と考えられています。弥勒菩薩は、いまから五十六億七千万年後に出現される未来仏です。布袋さんの未来を予知する能力が、こ

の未来仏の弥勒菩薩に結びついたのかもしれません。

七福神は、こうしてみると、非常にバラエティーに富んだ神様です。しかし、バラエティーに富んだなかでも、やはり「仏教」というものが大きなウェイトを占めています。七福神のうちで、直接仏教に関係のない神様は、恵比須と福禄寿だけです。寿老人と猩々がそれに加わりますが、こちらのほうは現在では七福神に数えられていませんから、仏教に関係のない神様は七分の二です。

まあ、日本の神道は仏教と習合していますから、そうなるのも無理はないですね。

8

神様との付き合い方

▼象頭人身のガネーシャ神

この章では、神様との付き合い方を考えます。

まず最初に、聖天《しょうでん》信仰から。

聖天は〝歓喜天《かんぎてん》〟の異名もあります。いや、正しくいえば〝大聖歓喜自在天《だいしょうかんぎじざいてん》〟で、それを略して〝聖天〟〝歓喜天〟と呼ばれるのです。

この神は、もとはインド神話のガネーシャ神です。ガネーシャ神は象頭人身の神で、インドの民衆に最も人気があり、愛されている神です。

その姿容――象頭人身――のいわれはこうです。

ガネーシャの父親はシヴァ神、そして母親はパールヴァティー。シヴァ神には複数の妃がいますが、ガネーシャはシヴァとパールヴァティーのあいだの子どもです。

ある日、パールヴァティーは水浴びをします。彼女は息子のガネーシャに見張り番を頼みました。

「お母さんは水浴びをしますからね。誰が来ても、ここを通しちゃいけませんよ」

「はい、分かりました」

というわけです。

ところが、そこにやって来たのは、父親のシヴァ神です。

シヴァは、妻が水浴をしていると聞いて、久しぶりに妻を抱こうとします。だが、息子は父親を通らせません。

「そこをどきなさい」

「ダメです。お母さんは、誰が来ても、通してはいけない——と言われました」

「お父さんは別なんだよ」

「いいえ、ダメです」

子どものガネーシャには、なぜお父さんが別なのか分かりません。そりゃあ、そうですよね。そこで息子は父親の妨害をします。

ところで、学者の研究によると、シヴァ神は本来は暴風神だそうです。非常に狂暴なる神様です。

しかも、この場合は、シヴァはセックスの欲望を抑えつけられたのです。妻を抱きたい欲情を、息子が邪魔した。

そこでシヴァは、もちまえの癇癪《かんしゃく》を起こしました。

「うるさい！」

彼はそう言って、息子の頭をスパッと切り落としました。

なんて恐ろしいことを……と思いますが、新聞の社会面には、ときどきこれに類する事件が報じられています。

そんなふうにして、シヴァは妻のパールヴァティーを抱きました。

だが、性欲というものはおかしなものです。いったん発散させると、たちまち正気に戻ります。正気に戻って、シヴァは〈しまった！〉と思います。

それに、息子の死を知った妻も、夫を責め立てます。「どうして、こんなことをしてくれたの……?!」と、夫を詰《なじ》ります。

そこでシヴァは、息子を生き返らせることにします。

だが、だいぶ時間がたっているので、息子の頭が胴にくっつけられません。

仕方がありません。何か別の頭をくっつけることにしました。

たまたま、そこに象がやって来ました。

シヴァは象の頭を切り落として、それを息子の胴にくっつけました。

これが、ガネーシャが象頭人身であることの理由です。

しかしこのほかにも、ヒマラヤの山麓で象の交尾を見たシヴァとパールヴァティーが、非常に興奮して自分たちも象の姿になってセックスを楽しんだところ、象の頭をした子どもが生まれた――とする神話もあります。ともかく、ガネーシャにはセックスにまつわる話が語られています。このことは心にとめておいてください。

▼聖天さんと観音様

さて、インド神話のガネーシャが日本に来て、歓喜天、聖天になりました。この〝聖天〟は〝しょうでん〟と濁って読まれます。以下ではこの〝聖天〟の呼称を主に使います。〝生駒《いこま》の聖天さん〟とか、〝待乳山《まつちやま》の聖天さん〟とか、日本では〝聖天〟の呼称が一般的だと思われるからです。

聖天には、単身像と双身像の二種があります。

単身像のほうは、明らかにインドのガネーシャ神の後身で、象頭人身です。二臂《ひ》、四臂、六臂、八臂、十二臂のものがあり、持物《じもつ》は一定していません。象頭という点については、象は力の強い動物であり、ときには暴害をなすこともありますが、しかし調教師に対しては従順です。だから、仏教の信者に対しては、聖天さんは従順なんだ。日本ではそういう説明がなされています。

では、双身像はどうでしょうか……？　双身像は、ともに象頭の男天と女天が抱擁合歓しているものです。男天は赤色の袈裟《けさ》をつけ、女天は頭に華鬘《けまん》をつけています。そして、互いに相手の右肩に頭をのせています。

相当にエッチな姿です。

この双身像に関しては、次のような因縁譚《いんねんたん》が語られています。

ガネーシャの別名に〝ヴィナーヤカ〟があります。これを音写すると〝毘那夜迦《びなやか》〟となります。

ヴィナーヤカは人間の行動を邪魔する悪霊です。これにとりつかれると、王子は支配権を得られず、女は子どもを生めず、商人は利益を失い、修行者は精神錯乱におちいるとされます。つまり、インド神話においては、ガネーシャは本来は神というより魔神に近い存在だったことが、この〝ヴィナーヤカ〟という異名から推測されます。

そこで仏教では、この毘那夜迦王が数千の配下を率いて人間どもを襲い、人間からその精気を吸いとる悪事を働いていたとします。それを見た観自在菩薩《かんじざいぼさつ》が、なんとかしてこの毘那夜迦王を改悛されようとしました。観自在菩薩は、別名を観世音菩薩といいます。いわゆる観音様です。

そのため観音様は女身の毘那夜迦に変身されました。そして魔類のところに行かれました。

毘那夜迦王は彼女を見て、欲情を起こします。

彼女に言い寄るのですが、観音様は言われました。

「だめよ。でもね、あなたが仏道に帰依するなら、わたしを抱かせてあげるわ。わたしは昔から、ちゃんと仏道に帰依しているのよ。あなたもわたしと同じく仏道に帰依し、仏教の信者に対して悪さをしないでほしいの……。いや、それよりも、仏教の信者を守護してほしいの……。あなたにそれができるかしら……?」

「では、約束する」

そのようにして、二人はセックスの喜びを味わいました。

それが双身像の意味です。

▼エネルギーの転化

毘那夜迦王は魔類でした。人間を苦しめる悪事ばかりをやっていました。それが観音様と出会い、観音様に導かれて、仏法守護の神＝聖天となったのです。

魔類から守護神へ――。まさに百八十度の転回です。

だが、それでいいのです。毘那夜迦王が魔類であり、荒々しいエネルギーを持っていたために、改心ののちに善神となった聖天の力が大きくなるのです。弱々しいものは、魔類であろうと善神であろうと、あまり影響力を持ちません。大きな悪が善に転化したとき、はじめてすばらしい善神になれるのです。

中国のことわざに、

――泥多ければ仏《ほとけ》は大きい――

があります。塑像の仏像は、材木で芯《しん》をつくり、その上に泥を塗りかさねてつくります。したがって、大きな仏像をつくるには、大量の泥がいるのです。ことわざはそのことを言っています。

わが国、浄土真宗の開祖の親鸞は、次のような和讃をつくっています。

罪障功徳の体となる
こほりとみづのごとくにて

こほりおほきにみづおほし
さほりおほきに徳おほし

罪障がかえって功徳の本体です。罪障と功徳の関係は、氷と水の関係です。氷(罪障)が多ければ多いほど、それが融けたときの水(功徳)が多くなります。親鸞はそう言っているのです。

わたしは、聖天信仰の背後には、このような哲学があると思います。

わたしたちは、「悪」をおそれてはいけないのです。「悪」を毛嫌いしてはいけないのです。

これは聖天にかぎった話ではありません。

およそ神と呼ばれる存在は、どこか「悪」の側面を持っています。暴虐であり、乱暴で、粗野で、がさつきわまりないのが神様です。いえ、まさに暴虐なればこそ神様になり得るのです。そう見るべきです。

問題は、そのエネルギーを、いかにうまく昇華させるか、です。大きなエネルギーを昇華させたとき、神は「善神」になります。「福の神」になります。

昇華に失敗すれば、それは「魔類」「妖怪」のまま終わってしまうのです。

▼劇薬的な聖天信仰

聖天は、観音菩薩の導きによって、魔類から福神へと昇華できた神様です。

したがって、わたしたちが聖天さんを拝むとき、同時にその背後にある観音様を拝まねばなりません。観音様を忘れて聖天さんだけを拝むなら、聖天はたちまち魔類の毘那夜迦王に変じます。そして、わたしたち人間に悪さをします。だから、聖天さんと同時に観音様を拝む。それが聖天さんの正しい拝み方です。

でも、そのことに、わたしたちはあまり神経質になる必要はありません。なぜなら、聖天信仰においては、その点の配慮がなされているからです。

すなわち、男天と女天が抱擁した双身像の聖天像を祀っている寺院においては、その双身像は秘仏にされていて、信者は、そこに祀られている本地仏としての観音菩薩を拝むことになっているからです。そういう配慮がなされています。

聖天さんはあくまでも魔類であって、凡夫であるわれわれが聖天さんを自由自在にあやつれるわけがありません。聖天さんを動かせるのは、ただ観音様だけです。わたしたちは観音様にお願いして、聖天さんの福徳を授けていただきます。それが聖天信仰の哲学です。

その意味では、聖天信仰は、劇薬的・麻薬的な信仰です。

劇薬や麻薬は、即効的な効果を発揮します。けれどもそれだけに、使用法を誤ると恐ろしいのです。

聖天信仰は観音信仰と結び付いているから、どうしても仏教の話になってしまいます。わたしが仏教の話ばかりをしているので、読者はいらいらしておられるかもしれませんが、じつはこれは日本の神様との付き合い方を考察しているのです。聖天さんとの付き合い方を例にして、日本の神様との付き合い方を模索しているつもりでいます。だから、もうしばらく、仏教に片寄った話を我慢してください。

俗に聖天信仰は、

――七代の福を一代にとってしまう――

と言われています。本来であれば、子孫の七代にわたって少しずつ授けていただける福徳を、自分一代にとってしまうというのです。まさに聖天信仰が、劇薬的・麻薬的・頓服薬的信仰であることを示している言葉です。

それからもう一つ、聖天信仰についておもしろい俗説があります。それは、

――聖天様は、信じているあいだはよいが、信じなくなれば、すぐに罰をあてる神様である――

というものです。まあ、これは、男女の機微に通じますね。聖天さんの双身像を思い出してください。男天と女天が抱擁しています。聖天信仰は、男と女の愛情で考えるとよい

でしょう。男に献身的に尽くす女性が、あんがいに嫉妬深いのです。男に捨てられたとなると、徹頭徹尾、男を恨みます。最近は、男性のストーカーも執念深いと聞いています。聖天信仰はそのようなものなんです。

▼「触らぬ神に祟りなし」

さあ、そこで、この聖天信仰を下敷きにして、神様との付き合い方を考えてみましょう。

わたしは、神様との付き合いの基本原則は、

――触らぬ神に祟《たたり》なし――

だと思います。鈴木棠三『新編　故事ことわざ辞典』（創拓社）によりますと、これに類することわざは、

――あたらぬ（触らぬ）蜂には刺されぬ――

――知らぬ神に祟りなし――

――近付く（近寄る）神に罰当たる――

――参らぬ仏に罰は当たらぬ――

が挙げられています。ということは、神様は敬遠しておけ、ということなんでしょう。

そういえば、中国、儒教の孔子（前五五一―前四七九）は、

子《し》、怪力乱神を語らず。

と『論語』（述而20）とあるように、「怪力乱神」（つまり神様や妖怪ですね）についていっさい語らなかったそうです。孔子のこの態度が、「触らぬ神に祟りなし」であり、「敬遠」だと思います。敬して遠ざけておくのです。

たとえば、あなたが貧乏であって、その貧乏を気にします。〈どうも俺は、貧乏神に祟られているようだ〉と思う。そのとき、あなたは貧乏神に触っているのであり、そしてその祟りを受けているのです。たとえあなたのそばに貧乏神がいても、あなたがそれを気にしなければ、貧乏神のほうではあなたに祟ることはできません。その点では、神様というのは、気の毒なほど無力なんですよ。

だから、わたしたちは神様に触らないほうがよいのです。

〈いや、神様に触らないでいると、ということは神様を無視することなんだが、そうすると神様は怒り狂って、その人に祟りをするのではないか?!　だからわれわれは積極的に神様を拝まねばならない〉

そう考える人もおられるでしょう。でも、その考えは正しくないのです。それが証拠に、ユダヤ教やキリスト教、イスラム教の神は、その信者たちが神に対して無礼な行為をすれば、その信者を罰しますね。たとえば、イスラム教徒が豚肉を食えば、その人はアッラーに叱られる。でも、わたしたち日本人が豚肉を食ってもアッラーがわれわれを罰することはありません。だから、触らぬ神に祟りなしなんです。昔の人はそう考えました。

ともあれわたしたちは、あまり神様に触らないでおきましょう。それが、神道における神様との付き合いの基本原則です。

▼「祟り」とは何か？

問題は「祟り」です。いったい「祟り」とは何でしょうか？　わたしたちは日常生活の中で、「あとの祟りが恐ろしい」と言いますが、祟りとはそんな恐ろしいものなんでしょうか？

〝たたる〟という語に関しては、大野晋『日本人の神』（新潮文庫）に次のような解説があります。

《タテという言葉は他動詞で、波をタテ・湯気をタテ・音をタテのように、自然の活動を生じさせ沸き立たせることである。『平家物語』を見ると、平清盛が「腹をたて」と使っている。それは「腹の中を沸き立たせて」ということである。「腹を沸き立たせる」とは、つまり不満を胸の中で煮えくり返らせること。タタルとはそれの自動詞で、腹の中が沸き返ること、怒ることである。

だから「神のタタリ」とは、神の怒りが自然の作用として沸き立つことをいう》

この大野氏の解釈と少し違うのが菅野覚明『神道の逆襲』（講談社現代新書）です。

《神さまが自らを何かの形にあらわすことは、古来「たたり」と呼ばれてきた。今日では、たたりといえば何か悪しき霊のもたらす災いとばかり考えられているが、もともとは、神さまがその威力をあらわすこと一般を指している。「たたり」という語も、「虹がたつ」などというときの「たつ」、つまり「あらわれる」という意味の「たつ」と関係があるとも言われている》

では、大野氏と菅野氏のどちらが正しいのでしょうか。これは、どちらが正しいかというより、本来は、

神の祟りとは……神様がご自分の威力をあらわすこと、

であったのが、後世になると、

神の祟りとは……人間の反則行為を神様が咎めること、

といったふうに解釈されるようになったのだと思われます。そして現在は、一般にはむ

しろ後者の意味で理解されています。この場合は、われわれが神に対して反則行為をやったのですから、神様に対して謝罪せねばなりません。神の祟りを鎮める必要があります。そうすると、どうしても神様に触ってしまいます。

それゆえわたしは、祟りとは神様がご自分の威力をあらわされることといった解釈のほうをとります。すなわち、貧乏神がその威力を発揮したときが貧乏神の祟りであり、福の神がその威力を発揮したときが福の神の祟りです。

そしてわたしたちは、福の神であれ貧乏神であれ、神様を気にしなければいいのです。かりに貧乏神がその威力を発揮して、わたしが貧乏になったとします。しかし、わたしがちっとも貧乏を気にしなければ、わたしはただ貧乏でいるだけです。貧乏でありながら、毎日を楽しく生きることができます。そうすると、貧乏神はわたしに祟っていないのです。それが「触らぬ神に祟りなし」です。

要するに気にしなければいいのです。

▼漢方薬の服用法に学ぶ

ところが、貧乏な人が、〈俺は貧乏神に祟られているんだ〉と意識します。そしてその祟りから逃れるために福神信仰をはじめます。

もっとも、ほんのちょっと貧乏な段階で福神信仰を始めるのはいいのですよ。しかし、落ち目になった人は、あれこれ画策します。貧乏から逃がれようとしてギャンブルに走り、借金に借金を重ね、もうどうしようもなくなった段階になって神信仰を始めるのです。

それが困るのです。

そこまで窮地に達した状態だと、神様がその人を救ってやろうとすれば、一度にどばっとその人に好運を恵んでやらねばなりません。たとえば、競輪で大穴を当てさせてやるとか、三億円の宝くじに当てさせてやるとか。

それが劇薬的効果です。もう劇薬でもってしか、その人を救えない状態になっているのです。

で、その人は救われるでしょうか?

たいていの場合、だめですね。その人は救われません。むしろかえって不幸になります。破滅するでしょう。

それが劇薬の恐ろしさです。

だからこそ、「触らぬ神に祟りなし」と言われているのです。

わたしたちは、薬の正しい服用法を学ばねばなりません。つまり、神様との正しい付き合い方を学ぶ必要があります。

この場合、譬喩としては漢方薬の服み方が参考になります。

わたしは医師の中村仁一氏から教わりましたが（ひろさちや・中村仁一共著『しっかり死ぬということ』李白社）、本来の漢方（東洋医学）では、人間全体を眺めて薬を出します。痩せた人／太っている人、体力が充実している人／そうでない人を総合的に判断し、それに合わせて足りないものを補い、増えているものを減らすのが東洋医学だそうです。それが現在では漢方薬も保険適用になり、しかも「病名漢方」になっているので、本当の漢方の良さが発揮されないでいます。そう中村氏は指摘しておられます。

そして、これは漢方薬にかぎりませんが、薬というものは、少しずつ少しずつ服用量を増やしていくものです。薬は本来は毒です。その毒性を弱めて薬として使っているのです。だから必ず副作用があります。それで薬の効果と副作用を見ながら、徐々に服用量を増やし、症状が改善されたら徐々に服用量を減らし、最後にはゼロにします。

これは、神様との付き合いにおいても言えることです。

わたしたちは、いきなり神様と親密になろうとしてはいけません。長年の親交を重ねて、いわゆる「ツーカー」の仲になれるのです。いっぱい贈り物をしたから、自分は神様と仲良くなったんだ――といった考え方がよくないのです。じつは日本人は、神様と仲良くなりたい、というより神様を自分の手下にして、自分の利益のために神様を操縦しようとします。神様にとって、このような態度こそがいちばん腹立たしいでしょう。そこに祟りがあるのです。わたしたちは自分の利益を考えず、神様と仲良くなることを考えるべきです。それが神様との本当の付き合い方です。

▼神は「ギブ・アンド・テイク」ではない

ということは、わたしたちは請求書の祈りをやめるべきです。

請求書の祈りというのは、1章で言いましたが、神様に「ああしてください」「こうしてください」と、あれこれ請求書を突き付けることです。いわゆるご利益信仰です。

この請求書の祈りをすることが、神様に触っていることになります。

触るから、祟りがあります。

触らなければ、祟りはありません。

つまり、神社に参拝して、静かに神を拝んでいるだけであれば、それは触っていないのです。わたしにご利益を授けてくれと要求を出すから、触ったことになるのです。

じつは、わたしたちが神社に参拝して、お賽銭をあげる。あれがわたしたちに請求書の祈りを思わせるのですね。わたしは神様にお賽銭をあげた――だから神様はわたしにご利益をくださるべきだ。そういうギブ・アンド・テイクの関係が成立するかのように思われるのです。

しかし、お賽銭というものは、本来、祈願が成就したときのお礼参りの際に、神仏に捧げた供物でした。そしてそれも、貨幣経済が発達する前は、洗米を紙に包んで供えるものでした。それをオヒネリと呼びます。中世以降の貨幣経済の広まりによって、米の代わりに銭が献じられるようになったのです。

だから賽銭は、もとは領収証でした。

しかし今日、ほとんどの人が請求書のつもりでお賽銭を投じます。

また、神社によっては、合格祈願だとか、交通安全だとかを売り物にして、参拝者から金銭を受け取ります。そうすると庶民は、ますますギブ・アンド・テイクの思想で神様を見るようになります。わたしは、これは神道の堕落だと思うのですが、神社の関係者はあまりそのことに気が付いていません。困ったことです。

繰り返しておきますが、わたしは、神仏への祈りは領収証の祈りであるべきで、請求書の祈りはまちがったものだと思います。そういうまちがった祈りでもって神様に接することが、神に触っていることになります。そして神に触るから、祟りが生じます。

だから「触らぬ神に祟りなし」なんです。

神様に「ありがとうございました」と感謝の祈りを捧げることが、真に神を拝んでいることになります。わたしはそのように信じています。

▼「正直の頭に神宿る」

神様との付き合い方を教えてくれることわざを、もう一つ紹介します。それは、

——正直の頭《こうべ》に神宿る——

というものです。正直者は神様が加護してくださる、といった意味です。

だが、ここで、「正直」といったことが問題なんです。正直に税金を申告したところで、神がその人を加護してくださるわけではありません。節税できるところは節税したほうがよい。正直にすれば損をするだけです。

では、神が加護される正直者とは、どういう人でしょうか？

「瘤取《こぶと》り爺《じい》」の例で考えてみます。『宇治拾遺物語《うじしゅういものがたり》』に出てくる話です。

正直者の爺が山仕事に出かけ、木の洞穴で雨宿りをしているうちに眠ってしまい、目が覚めると鬼が酒宴を開いて踊っています。それで正直爺が飛び出して、鬼と一緒に踊ります。鬼は喜んで、明日もまた来るようにと、彼の頬についていた瘤を約束の印にと取ってしまうのです。

それを聞いた隣の爺は、自分の瘤も取ってもらおうと、翌日、鬼のところに出かけて行きます。しかし、隣の爺は踊りが下手なので鬼を怒らせてしまい、瘤を取ってもらうどころか、正直爺の瘤まで付けられて、瘤が二つになりました。そういう話です。

この正直爺こそ、神が宿る「正直」者です。しかしその「正直」は、頭に〝馬鹿〟が付く正直です。すなわち「馬鹿正直」。

だって、考えてみてください。普通の人であれば、鬼が踊っている、そんなところに飛び入りできますか⁈ 怖くてぶるぶる震えているのがまともな人間です。でも、彼は馬鹿正直で陽気な人間だから、鬼が踊っているところに、「それじゃあ、わたしも」と言って飛び入りするのです。それで鬼（鬼も一種の神です）も彼を加護してやる気になります。

これが神道でいう、「正直の頭に神宿る」です。

そういえば、たいていのことわざ辞典には、

――正直は阿呆《あほう》の異名――

があります。いちいち〝馬鹿正直〟と呼ぶのは面倒なもので、ここでは、「阿呆の頭に神宿る」と言い換えておきます。いや、それよりも、

――阿呆は神様のお気に入り――

としたほうがよいかもしれません。日本の昔話では、「瘤取り爺」にかぎらず「花咲か

爺《じじい》」の正直者だって、やはり阿呆です。そしてそういう阿呆が神様に気に入られて、何をやってもうまくいくのです。

だとすると神道は、わたしたちに阿呆になれとすすめているのだと思われます。阿呆になることによって、わたしたちは神様とうまく付き合うことができます。あなたもどうか阿呆になってください。

▼阿呆のすすめ

阿呆というのは、じつは問題解決を考えません。そこに阿呆のよさがあります。

あなたが貧乏であって、なんとかしてその貧乏を克服しようとします。そのときあなたは、問題解決を考えているのです。あなたは賢い人です。

たとえば、あなたのお子さんが登校拒否になったとします。すると賢い人は、なんとかしてわが子を学校に行かせようとします。問題を解決しようとするのです。そのあげく、子どもが自殺するようなこともあります。もちろん、うまく解決できる場合だってあります。けれども失敗に終わる場合だってあることを忘れないでください。

だが、阿呆は、問題を解決しようとはしません。わが子が不登校を始めると、

「そうか、それじゃあ、今日は魚釣りにでも行こう」

と、父親は会社を休んで、わが子と一緒に釣りに出かけます。それが阿呆のすることです。

それで、その子は救われるのか⁈ そう詰問される方もおいでになるでしょうが、その人は問題解決を考えている賢い人です。阿呆は問題解決なんて考えません。

〈子どもが学校に行かなくなっても、ただ学校に行かないだけじゃないか。織田信長も豊臣秀吉も、学校なんかに行っていない。いや、アマテラスオオミカミもスサノオノミコトも、オオクニヌシノミコトだって学校に行っていない〉

阿呆はそう考えるだけです。

わたしの知人の僧侶に関する話ですが、彼の高校一年になる息子が、学校から一週間の登校停止処分を受けました。部室で飲酒しているのが見つかったためです。

父親は宗門の役職にある忙しい人でしたが、あらゆる仕事を断わって、一週間、わが子に付き合ったそうです。その一週間、何をしていたかと問うわたしに、

「いやあ、息子と、朝から晩まで、ただ酒を飲んでいた」

と答えました。飲酒の故に処分された息子と一緒に酒を飲むなんて、ちょっとおもしろいですね。

そして最後の夜、父親は息子に言いました。

「おまえ、明日からどうする？　別段、あんな学校なんて、やめたっていいんだぞ。おまえが海外に留学したいんなら、お父さんは金を出してやる。ほかに仕事をしたいんなら、それをすればいい。ひとつ自由に考えてみろ」

それに対して、息子はこう言ったそうです。

「おやじ、ぼくもこの一週間、あれこれ考えた。そしてぼくは、もう一度やり直してみようと思った」

その後、息子は、一流大学に合格し、すばらしい僧侶になりました。

この父親が阿呆です。彼は問題を解決しようとは思っていません。ただ息子と付き合っただけです。しかし息子にすれば、忙しい父親が一週間、自分に付き合ってくれたことがどれだけうれしかったでしょうか。わたしはこの話を思い出すたびに、

〈ああ、阿呆っていいなあ……〉

と思います。できればわたしも阿呆になりたいものです。

▼無欲になろう
そういう阿呆に、神様は加護されるのです。神道の神様は、阿呆の味方をされるのです。

阿呆というのは、無欲な人です。

そりゃあね、人間には欲がありますよ。誰だって、少しぐらいは欲を持っています。しかし、その欲のために、自分の欲を満足させるために、うまく神様を利用しようとする人を神様は嫌います。

「神様、どうかわたしを出世させてください」

「わたしを金持ちにしてください」

「息子を一流大学に合格させてやってください」

「息子が不登校になりました。息子が学校に行くようにしてください」

それが請求書の祈りです。そういう請求書を神様に突き付ける人が、神様に嫌われる人なんです。

われわれは無欲になりましょう。そして、請求書の祈りをやめましょう。

請求書の発行をやめて、すべてを神様におまかせする人になりましょう。それが阿呆です。馬鹿正直な人です。その阿呆に神様が宿るのです。

▼神様と一緒に生活する

そうなんです、すべてを神様におまかせできる人になりましょう。

仏教でいえば、それが「南無」なんです。〝南無〟とは、「おまかせします」といった信仰告白です。

「南無阿弥陀仏」は、阿弥陀さん、あなたにすべてをおまかせしますとの意思表示です。

「南無妙法蓮華経」とは、『法華経』の教えに全面的に従いますといった意思表示なんです。

「南無釈迦牟尼《むに》仏」「南無大日如来」は、釈迦仏、大日如来に自分をおまかせすることです。

「南無観世音菩薩」は、観音様に帰依し、観音様に自己を委ねることです。

神道においては、神様にすべてをおまかせするのです。それが「神ながらの道」です。1章でも言いましたが（一五ページ参照）、「神ながらの道」とは、「神の御心のままに人為を加えない道」です。人為を加えないとは、無欲のままにいることです。

もちろん、人間は愚かですよ。だからまちがいをすることだってあります。

いや、神様そのものがまちがいをされます。日本の神様は、キリスト教やイスラム教の神と違って、完全無欠な存在ではありません。ときに、いやしばしばまちがいをされます。だから、人間がまちがいをやっても、神様が人間を責めることはなさいません。きっと苦笑しながら、赦してくださるでしょう。

まちがいをしたとき、人間は慎しんでいればいいのです。

《罪というのは本来ツツミで、慎みを意味しているんです。罪を犯さない本来の立場に戻るために慎みを必要とするのが、罪だという理解もあるわけです。だから大祓詞では、罪もケガレも災いも罪という言葉でくくられているんです》（ひろさちや・上田賢治『ひろさちやが聞く神道の聖典』すずき出版）

上田賢治氏はそう語っておられます。神道では、まちがい（罪）をしでかすのは人間のあたりまえで、それでもって人間が糾弾されることはありません。しばらく身を慎しんでいればいいのです。

また、ときに神が荒れ狂うこともあります。台風や地震といった自然災害も、神の荒れ狂いです。神様が怒り狂っておられるときは、人間はしばらくのあいだ身を慎しみます。おとなしく、静かにしていればよいのです。それは読者も先刻ご存じですね。山の神様が怒り狂っているとき、亭主はじっと謹慎していますね。〝山の神〟って、あなたの奥さんですよ。

そして神様が陽気になれば、われわれは瘤取爺と同じく、神様と一緒に「あら、えっさっさ」と踊り出します。「小皿叩いて、チャンチキおけさ」とやるのです。あなたは阿呆にならねばなりません。神様が陽気に騒いでおられるのに、引っ込み思案のあなたが陰気でいる。そういうあなたを神様は嫌って逃げ出されますよ。阿呆になって、神様と一緒に浮かれ出す人を、神様はきっと好きになります。それが「正直（阿呆）の頭に神宿る」です。

そんな工合に、われわれは神様と付き合っていきましょう。神様と一緒に喜怒哀楽をともにするのが、「神ながらの道」です。神道とは、そういう宗教です。生活の中の宗教なんです。

9

神社のいろいろ

▼神社に参拝すべきか？

以前、隠岐に講演に行きました。浄土宗のお坊さんに招かれて行ったのですが、講演終了後、僧侶の方があちこちを観光に案内してくださった。そして隠岐神社に案内されました。

隠岐神社の祭神は後鳥羽上皇（一一八〇—一二三九）で、昭和十四年（一九三九）、上皇没後七百年祭を記念して、上皇を火葬にした塚の隣接地に建立された神社です。わたしはそれを聞くと、

「申し訳ありませんが、わたしはこの神社には参りたくありません」

と、鳥居の前で回れ右をしました。「なぜですか?」と尋ねられて、
「だって、後鳥羽上皇は、わたしの尊敬する法然上人や親鸞聖人を流罪にされた人でしょう。法然上人や親鸞聖人には何の罪もないのに、私怨でもって罪人にする。わたしは、そのような人を祀った神社には参拝したくありません」

と理由を説明しました。浄土宗のお坊さんは苦笑しておられました。彼も浄土宗の人だから、わたしの言うことに賛成せねばなりません。しかし、隠岐に住んでいると、後鳥羽上皇は縁の深い人です。したがって、神様として崇敬せねばならないとなります。そこで板挟みになってしまいます。

その辺のところ、どう考えればよいのでしょうか?

後鳥羽上皇の場合、彼は承久の乱で鎌倉幕府を打倒せんとして失敗し、隠岐に流されました。そして隠岐で死にます。無念の死です。だから怨霊となって隠岐神社に祀られた、とも考えられます。もっとも、菅原道真の怨霊が北野天満宮に祀られたのは、その没後四十年です。しかし、後鳥羽上皇が隠岐神社に祀られるのは没後七百年ですから、両者の性格はだいぶ違います。だが、ともに御霊信仰であることに変りはありません。わたしたちは、このような御霊を祀った神社に参るべきでしょうか? 神社に参って、下手に霊の祟りを受けてはたまりませんね。触らぬ神に祟りなしで、そういう怨霊や御霊を祀った神社

には参らないほうがよいのでしょうか……？

そこで、神社のほうでは人々に参拝してほしいものですから、天満宮の場合は、祭神は学問の神様として、受験にご利益があると宣伝しています。そうするとわれわれは、ご利益目当てに参拝することになります。わたしはそういう神様を、

——自動販売機型の神——

と呼んでいます。自動販売機は、コインを投入すると、缶コーヒーなどが出てきます。お賽銭をあげるとご利益を下さる神なんて、ちょっと低級だと思いませんか。そういう自動販売機型の神にご利益を目当てに神社に参拝する。そういう考え方はあまりよくないですね。

さて、どうしますか？　なかなかむずかしい問題ですね。

▼神社のランキング

問題はいろいろあります。

神社に参拝するべきか／否か？

何のために神社に参拝するのか？

そもそも神社とは何か？

それらの問題が複雑に絡《から》み合っています。だからイエス／ノーでは答えられません。
そこで最初に、戦前にあった神社の、

――社格――

を考えてみます。社格とは、神社のランキングです。そしてこの社格は、第二次大戦の敗戦後は廃止になったものです。

古代においては、いちおう「官社」が定められていました。官社といっても、国家が新たに設置した寺院ではなく、民間の私社の中から国家が選び出した神社です。

中世（平安中期）になると、その官社の制度も崩れ、新たに二十二社制が成立します。これは伊勢神宮を中心にして、朝廷が崇敬する二十二社を選び、国家の重大事や天変地異に際して奉幣《ほうへい》する制度です。また、恒例の年二回の祈年穀《きねんこく》（年穀の豊穣の祈願）の際にも、これらの神社は奉幣を受けます。

二十二社は次の通りです。

伊勢国……伊勢。
山城国……石清水、賀茂、松尾、平野、稲荷、大原野、梅宮、吉田、祇園、北野、貴布禰。
大和国……春日、大神、石上、大和、広瀬、竜田、丹生。

摂津国……住吉、広田。

近江国……日吉。

しかし、二十二社のすべてが一様に朝廷から奉幣を受けたわけではなく、中世の半ば以降は、朝廷の衰退に伴って、伊勢・賀茂・石清水などの数社を除いては、朝廷から顧みられなくなります。ということは、いわゆる「国家神道」が衰退していくのです。

その「国家神道」が息を吹き返したのが明治維新で、近代になって明治政府によって社格が明確に定められました。

明治政府は、神社の格を大きく「官社」と「諸社」に分類しました。

そして「官社」のうちに、
官幣社《かんぺいしゃ》……宮内省より幣帛《へいはく》を奉献する神社。

国幣社《こくへいしゃ》……国庫より幣帛を捧げる神社。

があります。〝幣帛〟というのは、神に奉献する物をいいます。〝幣〟は〝ぬさ〟とも読まれます。神前に供える麻などの布のことです。〝帛〟は絹布です。官幣社、国幣社ともに大・中・小社があります。社格のいちばん高い官幣大社には、熱田神宮・出雲大社・石清水八幡宮・宇佐神宮などがありました。伊勢神宮（正式名称は〝神宮〟）は、最高の存在とされ、社格を超越するものとされていました。それから社格の順は、上から、官幣大社・国幣大社・官幣中社・国幣中社・官幣小社・国幣小社・別格官幣社となります。靖国神社は、この最後の別格官幣社でした。それほど社格が高いわけではないのですね。

このような「官社」に対して「諸社」があります。「諸社」は、府社・県社・郷社・村社・無格社の総称です。こちらのほうは、民間で崇敬されている神社と考えればよいでしょう。

このような社格――神社のランキング――は、敗戦の翌年に廃止になりました。占領軍によって「国家神道」の廃止が命じられたためです。ですから、国家が神社を管理・監督することがなくなったのです。

▼マツル神とマツラレル神

さて、「官社」――官幣社と国幣社――というものは、じつは「マツル神」を祀った神社です。

神・カミをいろいろと分類しますが、その分類の仕方によっては、

――「マツル神」VS.「マツラレル神」――

に分けることができます。大雑把《おおざっぱ》にいえば、4章で紹介した神話の中の神々がマツル神

で、それ以外はマツラレル神です。

縄文時代の日本人は、山の神だとか海の神だとか、名前のついた個々の神を祭っていました。これらの神は、ときに荒れ狂うことがあります。荒れ狂う神に、「どうかお鎮まりください」と祈願します。また、反対に「どうかわれわれに豊穣を与えたまえ」と祈願することもあります。この祈願を受ける神がマツラレル神です。したがって最初は、神といえばマツラレル神ばかりだったのです。

ところが、弥生時代の終りになると、支配階級が発生します。そして次の古墳時代に、天皇家をトップとする強力な権力中枢が成立しました。ほぼ三世紀末から七世紀にかけてのころです。

この支配階級は、人民を支配することはもちろんですが、同時にマツラレル神々をも支配しようとします。自然の神々をも支配者の意向に添わせ、支配者に服従・奉仕させたいのです。

そのためにつくられたのがマツル神です。マツル神とは、マツラレル神々をうまく懐柔する神なんです。

日本語には、〝まつりごと〟といった言葉があります。これに〝政〟の字があてられます。この言葉は、一方では祭祀権者（支配者）が祭祀を行なうことを意味しますが、同時に主権者が領土と人民を統治することも意味します。その際、領土を統治するためには、山の神、海の神など領土に密着している神々（それがマツラレル神です）をうまく手懐けなければなりません。そのために古代の律令政府は、神話をつくり、神話に登場する神々をマツル神とし、このマツル神をしてマツラレル神々をうまく懐柔させようとしたのです。つまり、マツル神を支配者がうまく祀って、そのマツル神によって間接的にマツラレル神を支配する仕組みをつくりました。それが律令制における官社です。官社というのは、マツル神を祀る神社です。

だが、この官社の制度は中世に崩れてしまいました。

それを近代になって、「国家神道」として再び復活させたのが、明治政府による官幣社・国幣社の制度です。

この官幣社・国幣社に祀られているのは、律令政府がつくった神話に登場する神であり、マツル神です。天皇と国家は、このマツル神を祀ります。それ故、明治政府は、神道は権力者・支配階級がマツル神を祀るものであって、これは「宗教」ではないと言い張りました。「宗教」というものが民衆の生活に密着したものであれば、なるほど支配階級が領土と人民を統治するためにマツル神を祀ることは、政治的行為であって、宗教的行為ではありません。わたしは、明治政府の言い分はもっともだと思います。

だとすると、「国家神道」は廃止になったのですから、旧支配階級が祀っていたマツル神に対する祭祀を、われわれはそれを「宗教」と認める必要はありません。一部の人々は神話にノスタルジーを感じていますが、それは政治イデオロギーにすぎません。昭和天皇が「あんなものはまちがったイデオロギーであった」と神話を否定された（七九―八〇ページ参照）のですから、われわれもまた神話を「架空ナル観念」としてよいと思います。

わたしたちの日常生活において大事なものは、マツル神――神話の神――ではありません。そのことだけははっきりしています。

▼神社への観光的な参拝

だから、わたしたちは、旧官幣社・旧国幣社（すなわち天皇と国家権力が管理していた神社）に参拝する必要はありません。

いや、参拝したい人は参拝してもいいのですよ。それはその人の考えです。したがって、首相や大臣たちが靖国神社に参拝してはならないと言うのはよくないと思います。参拝したければ参拝してよい。それは政治家個人の判断によります。

わたしが言いたいのは、神社、とくにかつては国家が管理していたような大きな神社に参拝することが、神道の信者の義務であるとする、それを義務づけるのはまちがっているということです。いいえ、義務づけないまでも、神社参拝を推奨するのはまちがいです。しかし、宮参りだとか、七五三で神社に参詣することは別の問題ですよ。そのことについては、あとで触れます。

では、大きな有名神社に参拝を誘われたときはどうしますか？

わたしが隠岐神社でやったように、参拝を断わる手もあります。浄土真宗の人や、日蓮宗の人、それに一部の新宗教の人に、そういう人が多いと思います。この態度は、別段非難すべきではありません。信仰の純粋性を保っている人にとっては、当然の態度です。けれどもわたしは、最近はわりと鷹揚になりました。馬齢を重ねたもので、ある意味では鈍感になったのかもしれません。誘われれば、あまり断らないようになったのです。

それは、海外に観光旅行に行ったときもそうです。キリスト教の教会、ユダヤ教のシナゴーク、イスラム教のモスク、ヒンドゥー教の寺院、東南アジアの諸寺院、中国の諸寺院や孔子廟、道教の道観、等々、観光のために平気で訪れます。そしてたいていの場合、異教徒だという理由で排斥されることはありません。親切に案内をしてくれます。いちどシンガポールでイスラム教のモスクを訪れたとき、親切に案内してくれた人に、あとでお礼状を出したいからと住所と名前を尋ねると、その人がトーゴの住所を教えてくれたのにはびっくりしました。わたしはてっきりそのモスクの人だと思っていたのですが、彼もまた観光客だったのです。トーゴは、アフリカ西部にある共和国です。

でも、異教徒を入れてくれないヒンドゥー教の寺院もあります。わたしも南インドで、参拝を拒否されたことがあります。

おもしろい（?）のは、ラジーヴ・ガンディー（一九四四—一九九一）の妻の場合です。彼は、インドの初代首相であったジャワーハルラール・ネルー（一八八九—一九六四）の孫で、ネルーの娘のインディラ・ガンディーの長男です。母もインドの首相になりましたが、彼女が暗殺されたあとラジーヴが首相に就任しました。三代にわたって首相をつとめたもので、インド人はこの三代を「ネルー王朝」と呼んでいます。

それはともかく、ラジーヴが南インドのヒンドゥー教寺院に参詣したとき、彼はもちろんインド人ですから、寺院への参詣は許されます。しかし彼の妻はシャット・アウトされました。というのは、ラジーヴは昔はインド航空のパイロットをしていて、イタリア人のキャビン・アテンダントと結婚したからです。奥さんの国籍はインド人であっても、彼女は異教徒だ、というのが寺院側の主張です。民族宗教には、そういう面があります。その点では神道も同じで、昔は外国人、とくに欧米人の参拝を頑強に拒む神社もありました。もちろん、現在はそうではありません。

それはともかく、わたしは、観光的に神社に参拝してもかまわないと思います。けれどもその場合、最低のマナーは守ってください。神社に詣でて、神様に喧嘩を売る態度をとってはいけません。そうであれば、参詣しないほうがよいのです。

これは寺院の場合も同じです。わたしたちは、比叡山だとか高野山、あるいは金閣寺、銀閣寺といった寺院に観光的に訪れることがあります。修学旅行で行く場合もありますね。それを全否定してしまってはいけないですよね。たとえ観光が主であっても、寺院や神社を訪れることはいいことだと思います。でも、その場合でも、最低のマナーを守ってください。たとえば浄土真宗の寺院に参詣して、そこで大声で、

「南無妙法蓮華経」

とお題目を唱えるようなことをしてはなりません。

なお、神社に参拝するときの最低のマナーとは、手水舎《てみずや》において手を洗い口をすすぎます。神聖な場所に参る前には、心身を清めねばならない。その象徴的な行為です。それから賽銭箱に賽銭を入れ、鈴をならし、神様に感謝をします。神様に祈願をすると解説する人もいますが、わたしは請求書の祈りをするのに反対です。やはり感謝の祈りを捧げるのが本当でしょう。

それから拝礼の仕方は、二拝、二拍手、一拝が一般的です。これとは別の拝礼をする神社もありますが、その場合はその神社で拝礼の仕方を教えてくれますから、心配する必要

はありません。

▼氏神様との付き合い

次はマツラレル神を祭った神社への参拝です。氏神様への参拝だと思ってください。なお、わたしはいちおう、マツラレル神をまつるのを〝祭〟、マツル神をまつるのを〝祀〟と書き分けています。しかし、厳密ではありません。いちおうの区別です。

昔は、生後一か月のころ（男児は三十二日目、女児は三十三日が普通）に、子どもを連れて氏神参りをしました。宮参りといいます。氏子になることによって、社会の構成員として認知してもらうのです。

その後も、七五三の行事や、さまざまな機会に氏神様にお参りします。氏神様に参り、氏神神社の行事に参加するのは、地域社会の構成員として当然の義務でした。

ところが、近年はこのような風習が崩れてしまいました。その原因の一つは、われわれが生れ故郷を離れて、あちこちに移動するようになったからです。国家公務員や大企業のエリートたちは、日本全国を転勤に次ぐ転勤です。それで、氏神様とはすっかり疎遠になってしまいました。人によっては、自分の氏神神社がどこにあるかを知らないありさまです。わが家の娘も息子も、たぶんそうだと思います。

では、どうすればよいでしょうか？

生活習慣が変わってしまったのだから、仕方がありませんね。氏神はともかく、もっと地域共同体の神社を大切にしなさい——と言ったところで、昨月、マンションに引っ越して来た人が、その地域の神社を訪れても、神社のほうでその人を氏子と認めて接してくれるわけではありません。これは、神社側にも努力が要請される問題です。

そこで。

おかしなことを言うようですが、わたしはプロ野球の阪神タイガースの熱狂的なファンです。東京に住んでいるくせに、年に六、七回は甲子園球場に行きます。そして神宮球場や横浜球場にも、五、六回は足を運びます。あんがいわたしにとって、球場に足を運んでタイガースを応援するのが、神社にお参りするのに匹敵するのではないかと思います。いや、逆かもしれません。昔の人は、タイガース・ファンが球場に足を運んでタイガースを応援するような感覚で、神社に足を運んだのです。それが、神社に魅力がなくなって、人々は神社に足を運ばなくなりました。わたしはそのように考えます。

だとすると、ここは神社側の問題です。神社がどれだけ魅力を取り戻すか、そして人々に足を運ばせるか、すべては神社側の努力にかかっています。魅力のない神社には、誰も参詣しませんよ……。

10

神道は「やまと教」だ！

▼神道の根本教義

神道には特定の教義はありません。特有の聖典もありません。『古事記』や『日本書紀』が神道の聖典になると言われる人もおいでになりますが、あれは政治イデオロギーの書であって、宗教の聖典ではありません。支配者階級だけが、あれらを聖典として信奉しているのです。

だから、われわれ庶民が神道から何を学べばよいか、困ってしまいます。神主さんも神道の教えを説かないし、神道関係の学者も、滅私奉公――私利、私欲を捨てて、国家のために尽くしなさい――を言うばかりで、それじゃあ戦争中の、「おまえたちの命は天皇陛下のものである。天皇陛下のために命を投げ出せ！」とほざいていた軍人たちと同じです。そんなことを、われわれは神道から学びたくはないですね。

そこでわたしはこの最後の章で、わたしの考えた神道の教義をまとめておこうと思います。

わたしは以前、『やまと教』と題する本を新潮社（新潮選書）から出版しました。副題を「日本人の民族宗教」としたのですが、これは〝神道〟の語がどうしても戦前の「国家神道」を連想させるので、それを避けるためです。それなら〝日本教〟といった呼称を採用してもよかったのですが、〝日本教〟にもどこか日本至上主義の響きがあります。それで日本国の異称である〝やまと〟をとって、〝やまと教〟としました。ですから、〝やまと教〟は〝神道〟とまったく同じものです。

それと、もう一つ理由があります。わたしは〝やまと教〟の呼称のうちに、神道の大事な教え（だとわたしの考える）である三つの要素を含ませました。それは、

や……やさしさ、

ま……まこと、

と……とも生き、

です。この三つが神道の根本教義です。わたしはそう考えます。

どうです。なかなかうまいでしょう。

そこで、以下に、やさしさ・まこと・とも生きについて考察します。

▼いじめの問題の解決法

学校のいじめについて、「いじめは昔からあった」と発言した政治家がいました。昔からいじめられる者がいて、みんなそのいじめを自分で克服してきたのだ。だから、いじめられている者は、それを自分の努力で克服すべきだ。そういった趣旨の発言です。

たしかに、いじめは昔からありました。しかし、そういうことを政治家が言うことは許されません。そんなことをいえば、殺人や強姦も昔からあったのです。政治家は、殺人や強姦を少なくすることに全力を傾けるべきであり、学校からいじめをなくすように努力せねばなりません。それが政治家の責務です。

「いじめは昔からあった」と、平然とうそぶく政治家は、結局弱い者をいじめているのです。〝弱い者いじめ〟といった言葉がありますが、それがいじめの本質をよく表わしていると思います。

なるほど、いじめは昔からありました。しかし、昔のいじめと現代のいじめとでは、だいぶ様相が違っています。

昔は、いじめられている子を、背後にあってそっと庇《かば》ってあげるやさしい子がいました。表立っていじめられている子を庇えば、逆に自分がいじめられるかもしれません。それで、表立っては庇えません。しかし、あとでこっそり、

「ごめんね、あのときは黙って見ていて。あなたが悪いんじゃないのよ。あの子が悪いのよ。元気を出してね」

と、一緒に泣いてくれるやさしい子がいたのです。

ところが現在では、たいていの子がいじめる側に加担します。

わたしは小学五、六年生の数人に尋ねました。

あなたが登校して教室に入ると、五、六人が一人を糺弾しています。その一人はしくしく泣いています。あなたはその泣いている子を「気の毒」と思いますか？　と。

すると小学生の全員が、みんなが一人を非難しているのだから、きっとその子が悪いんだと思います。気の毒だなんて思いません、と答えました。これが多数決原理なんですね。恐ろしい世の中になったものだと思いました。

いじめの問題を解決するのは困難です。いじめをやめさせようとすれば、こんどはいじめっ子をいじめることになります。それだと問題をこじらせてしまい、本当の解決にはなりません。

わたしは、いじめられている子を、こっそりと庇ってあげることのできる、やさしい子が多くなることが、いじめの問題に対するいちばんすばらしい対策だと思います。神道が教えているのは、その「やさしさ」ではないでしょうか。

いじめっ子といいますが、そのいじめっ子だって、現代の教育制度の中でいじめられているのです。テストの点数が悪いだけで、その子がいじめられる。現在の教育制度はそうなっています。

いや、いずれの時代にあっても、世の中には強者と弱者がいます。被支配階級の人間はみんな弱者で、弱者は支配階級からいじめられています。いじめっ子もいじめられている子も、みんな弱者です。その弱者に対する思い遣りこそがやさしさです。わたしたちは神道から、まずやさしさを学ぶべきではないでしょうか。

つまり、やさしさというのは、弱者のあいだの連帯意識です。従来は、強者の弱者に対する憐れみがやさしさだと思われてきました。わたしはそうではないと思います。本当のやさしさとは、被支配階級にある者どうしの連帯意識でなければなりません。

▼上から目線／下から目線

これまでわたしたちは、神道というものを上から目線で解釈してきました。支配階級が被支配階級に向かって訓話をたれる。それが神道の意義だと思われてきました。戦前の「国家神道」はそのようなものでした。

そしてわたしたちは、学校において文部省唱歌を歌わされました。文部省唱歌を通じて「お上」はわれわれ庶民に訓話をたれたのです。

文部省唱歌といえば、有名な「うさぎとかめ」(石原和三郎作詞)があります。

「もしもし、かめよ、かめさんよ、
せかいのうちに、おまえほど、
あゆみの、のろい、ものはない、
どうして、そんなに、のろいのか。」

このように兎にからかわれた亀が、そこで兎に競走を挑み、兎が昼寝をして亀に負けた、といった展開になります。ここで「お上」はわたしたちに努力しなさい、と訓話をたれます。

だが、それは、上から目線です。本当の神道、つまりやまと教は、そんなことは教えていません。

岩波文庫には、関敬吾編による『日本の昔ばなし』が三巻あります。その中に、「動物の競争」をテーマにした話がいくつかあります。たとえば「猫と蟹」では、蟹が猫と競走するとき、蟹は猫の尻尾《しっぽ》にぶら下がります。そして、ゴールに着いた猫が、蟹はどうしただろうかと振り返ったとき、すかさず蟹は尻尾から下りて、

「猫どの、猫どの、おまえはいま来たのか?」

と言います。かくて蟹の勝ちです。

また、「鯨となまこ」の話では、なまこはゴールの途中の浦々に仲間のなまこをあらかじめ配置しておいて、鯨がやって来れば、

「鯨どの、いま来たのか?」

と言わせる。そうしてなまこが鯨に勝つわけです。

わたしは昔、こうした話を読んだとき、蟹にしろなまこにしろ、

〈ずるいではないか?!〉

と思いました。だが、考えてみれば、蟹にしろなまこにしろ、いずれも弱者です。弱者が強者をやっつけるためには、仲間の「連帯・団結」が必要です。神道の基本は、弱者どうしの連帯です。わたしたちは団結して、支配階級を出し抜かねばならない。本当の神道は、わたしは、そのような下から目線で解釈されるべきものだと思います。やさしさにし

ろ、まことにしろ、とも生きにしろ、すべては下から目線での話です。

▼金子みすゞの童謡

上から目線の文部省唱歌に反撥して、下から目線で作られたのが童謡です。大正中期から昭和初期にかけて、北原白秋（一八八五―一九四二）や西條八十（一八九二―一九七〇）らが運動を起こし、普及させた子どもの歌が童謡です。

そして、その西條八十によって見出された女性詩人が金子みすゞ（一九〇三―一九三〇）です。

金子みすゞはこんな童謡を作っています。「こぶとり」と題されています。

正直爺《じい》さんこぶがなく、
なんだか寂《さみ》しくなりました。
意地悪爺さんこぶがふえ、
毎日わいわい泣いてます。

正直爺さんお見舞だ、

わたしのこぶがついたとは、
やれやれ、ほんとにお気の毒、
も一度、一しょにまいりましょ。

山から出て来た二人づれ、
正直爺さんこぶ一つ、
意地悪爺さんこぶ一つ、
二人でにこにこ笑ってた。

8章で紹介した「瘤取り爺」の後日談であることは、すぐにお分かりになりましたよね。上から目線だと、正直にしていなさい、そうすると瘤を取ってもらえますよ、意地悪をすれば、余分な瘤を付けられますよ、となります。しかし、下から目線だと、自分の瘤が他人にくっつけられて、その他人が悲しんでいるのは喜べません。それなら、自分も元通りになり、他人も元通りになり、二人で少しずつ不便に耐えようよ、となります。庶民はそのようなやさしさを持っています。金子みすゞはそのように歌っています。

じつはわたしは、一九八〇年のころですが、気象大学校で学生課長をしていました。欠員が生じたので、アルバイトの女性のうちから一人、国家公務員に採用することになりました。給食関係の職員ですから、わたしが面接し、採用することになったのです。

二人の応募がありました。Aさんが五十九歳で、Bさんは四十一歳です。上司は、なるべく若い者を採用しろと言い、わたしもそのつもりでした。

だが、面接のとき、同じアルバイト仲間のAさんが応募していることを聞いたBさんは、突然、こう申し出たのです。

「Aさんも応募しているんですね。それじゃあ、Aさんを採用してあげてください。あの人はお年寄りだから、ほかに職をさがすとなると大変でしょう。わたしはいまのままアルバイトでいいです」

あれにはびっくりしましたね。わたしは課長で、上から目線で考えていました。安定した国家公務員の職を得られるのだから、他人を蹴落としてでも自分がなりたいと考えているだろうと思っていたのです。

しかし、庶民は本質的にやさしいのです。

神道は、そのやさしさを教えていると思います。

▼みんながすばらしい

この世の中にはいろんな人がいます。優等生／劣等生、金持ち／貧乏人、ノッポ／チビ、怒りっぽい人、鈍感な人、美人もいればあまり美人でない人もいます。いろんな人が、いろんな役割を持って生きているのがこの世の中なんです。

それは神様についても言えます。貧乏神もいれば福の神もいるし、疫病神、妖怪など、さまざまです。

そして、それぞれの人、それぞれの神に、レーゾン・デートル（存在理由）があります。なくていい人、存在しないほうがよい神なんていないのです。

そのことを金子みすゞが「芝草」という題で書いています。

名は芝草というけれど、
その名をよんだことはない。

それはほんとにつまらない、
みじかいくせに、そこら中、

みちの上まではみ出して、

力いっぱいりきんでも、
とても抜けない、つよい草。

げんげは紅《あか》い花が咲く、
すみれは葉までやさしいよ。
かんざし草はかんざしに、
京びななんかは笛になる。

けれどももしか原っぱが、
そんな草たちばかしなら、
あそびつかれたわたし等《ら》は、
どこへ腰かけ、どこへ寝よう。

青い、丈夫な、やわらかな、
たのしいねどこよ、芝草よ。

彼女はさまざまな草花に「いのち」を見ているのです。

わたしは金子みすゞの童謡から、松尾芭蕉（一六四四―一六九四）の句を思い出しました。

草いろいろおのおの花の手柄かな

この句の季語は〝草の花〟で、秋です。

秋の山野や庭には、さまざまな草花が咲き乱れています。菊や桔梗《ききょう》、萩《はぎ》といった立派な草もあります。しかし、わたしたちがその名を知らない雑草たちも、それぞれの花を咲かせています。さまざまな草が、それぞれの花を咲かせているところがすばらしい。大きな花、小さな花、いろんな花があるのです。そして、花の咲かない芝草だって、一生懸命に生えているのです。金子みすゞも松尾芭蕉も、そうした光景に感動したのです。

名はしらず草ごとに花あはれなり

これは蕉門十哲の一人、杉山杉風《すぎやまさんぷう》（一六四七―一七三二）の句です。

この世の中には、いろんな神様がおり、いろんな人間がいます。神様も人間も、まちがいばかりしています。しかし、まちがいをあまり咎め立ててはいけません。そんなことをすれば、この世は生きにくくなります。優等生も劣等生も、努力家も怠け者も、みんなで一緒に生きてゆこうよ、というのが神道の基本姿勢です。

そりゃあね、なかには他人をいじめる者もいるにはいますよ。しかし、「いじめてはいけない」と、いじめている者を除け者にすれば、その子がいじめられていることになります。でも、だからといって、いじめられている子を見捨ててしまってはいけません。見捨ててしまうと、その子がかわいそうです。

わたしたちは、いじめられている子を庇う子どもを育てたい。弱者に同情できる人間を多くしたい。貧しい人々とともに、一緒に泣ける日本人になりたい。それが神道の教える「やさしさ」なんです。

わたしたちは、そのような神道を大事にしたいと思います。神道とは、そんなすばらしい宗教なんですよ。

［著者略歴］

ひろ さちや

1936年、大阪市に生まれる。東京大学文学部印度哲学科卒業。同大学院人文科学研究科印度哲学専攻博士課程中退。

気象大学校教授を経て、現在、仏教・インド思想の研究、執筆等に幅広く活躍。仏教を、一般の人々に平易な言葉で伝えている。主な著書に『仏教の歴史』（全10巻）『仏教　はじめの一歩』『人間の生き方を道元に学ぶ』『因果にこだわるな』『釈迦』『仏陀』『面白いほどよくわかる世界の宗教／宗教の世界』『親鸞』『法然』『道元』『仏教の釈迦・キリスト教のイエス』『大乗仏教の真実』（以上、春秋社）、『〈法華経〉の真実』（佼成出版社）、『ほんとうの宗教とは何か』（ビジネス社）、『「けち」のすすめ』（朝日新聞出版）など600冊を超える。

JASRAC 出 1606307-601

生活のなかの神道――神さまとの正しい付き合い方

二〇一六年六月二〇日　第一刷発行

著　者　ひろ　さちや
発行者　澤畑吉和
発行所　株式会社春秋社
東京都千代田区外神田二―一八―六（〒一〇一―〇〇二一）
電話　〇三―三二五五―九六一一（営業）
〇三―三二五五―九六一四（編集）
振替　〇〇一八〇―六―二四八六一
http://www.shunjusha.co.jp/
装　幀　河村　誠
印刷所　信毎書籍印刷株式会社
製本所　株式会社　三水舎
定価はカバー等に表示してあります

ISBN978-4-393-29947-0

ひろ さちや◎好評既刊書

釈迦

仏教の祖、釈迦は何に目覚め何を伝えたか。生涯の道のりから、仏教の誕生とその教え、また思想的背景を分かりやすく解説。様々なエピソードの裏側が見える画期的仏教入門。

二〇〇〇円

仏陀

私たちと覚りの世界の仏陀を繋ぐ菩薩の道。大乗仏教（＝日本の仏教のルーツ）は在家集団による「仏教再発見」から誕生した、という新説を分かり易く軽やかに解説。

一七〇〇円

大乗仏教の真実——インド仏教の歴史

覚りも修行も必要ない。私たちに人間らしい生き方を教えてくれるもの、それが「大乗仏教」だ！釈迦滅後に起こった最大の裏切りとは。歴史的背景から思想までを完全解説。

一九〇〇円

仏教の釈迦・キリスト教のイエス

二人に一つしかパンがない世界で、彼らは何を説くか。イエス「半分に分けて食べなさい」／釈迦「パンを争う世界から離れよ」。世界宗教の比較から見えてくるものとは。

一六〇〇円

面白いほどよくわかる 世界の宗教／宗教の世界

「宗教のウソ、本当の宗教」を教えます。複雑にからんだ世界をもっと理解するために、ユダヤ教から神道まで世界の八大宗教を一挙に横断。イエスはキリスト教徒ではなかった⁉

一九〇〇円

▼表示価格は税抜価格です。